あなたを変えるたった1つの「小さなコツ」

野澤卓央

祥伝社黄金文庫

２００２年、僕は25歳でした。
どうしたら、なりたい自分になれるんだろう？
どうしたら、人とうまく付き合えるんだろう？
自分はどこを目指したらいいんだろう？
どうしたらいいかわからず、
人生のお手本になる人を探すようになりました。

自分がまったく知らない世界を教えてくれる人、
話を聞くだけで知恵熱が出るような人に会いに行きました。
尊敬する人が紹介してくれた方、友人の師匠、
ときには電車で隣になったおばあさんだったり、
その数は国内外合わせて１０００名を超えました。

そのまま生きていたら知ることがなかったハッとすること、
心に残った1万個以上の気づき（コツ）を
ノートに書き残してきました。
そのノートが、こちらです。

気づきを書き留めたノート
（これらはほんの一部です）

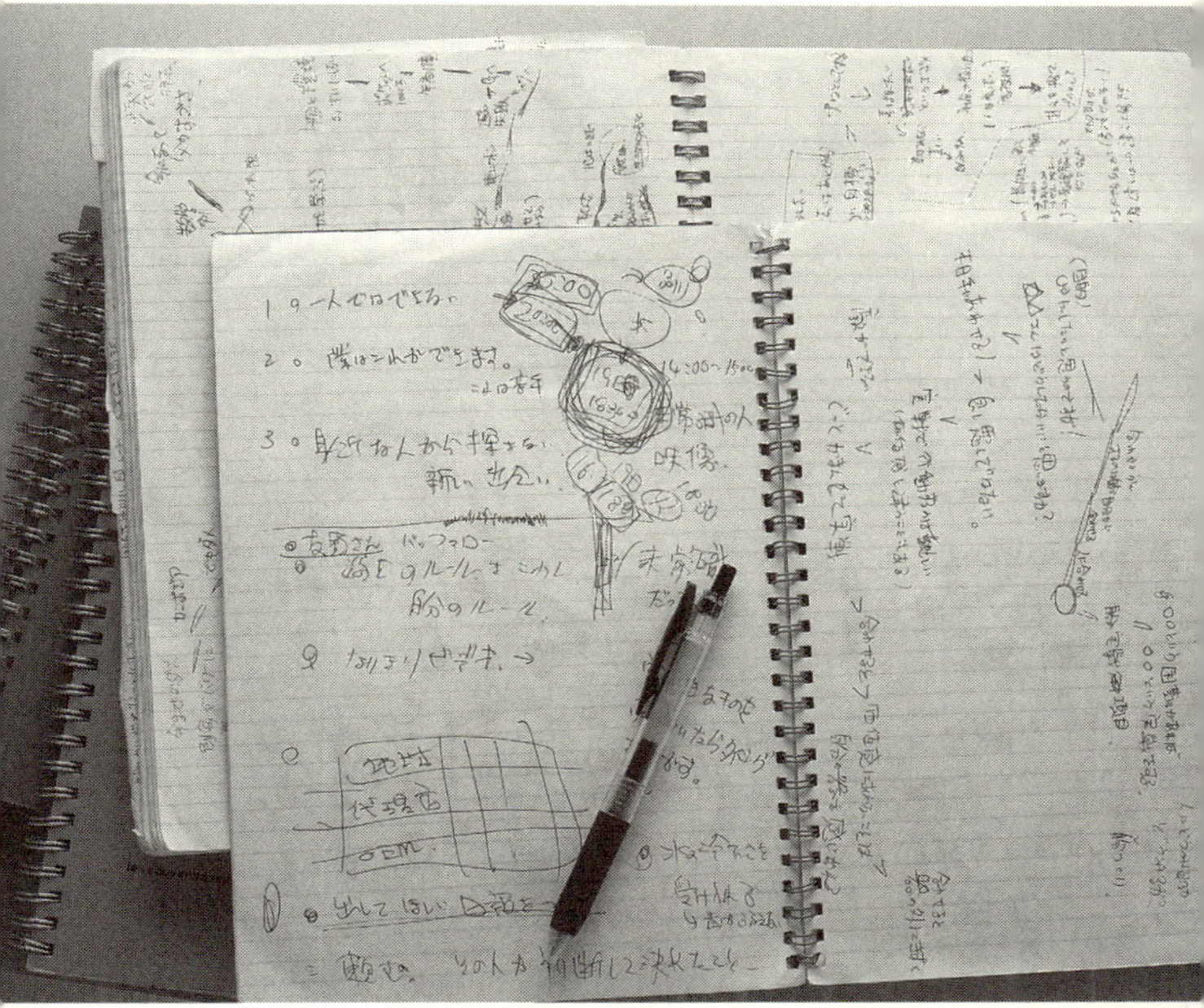

「コツ」の元になる貴重なお話や
日々の気づきをメモしています

この本では、どこに進んだらいいかわからない、
何が得意かもわからなかった僕に、
希望を与え、進む道を教えてくれた
かけがえのない成長のヒント、
僕が知って本当によかったことを書きたいと思います。

□はじめに

人生を明るく楽しく幸せに生きている人は2つのことを必ず実践しています。ひとつは「人生がうまくいくコツ（具体的な方法）」を知っていて、それを「実行」していること。もうひとつは、自分の心（内面）を知っていて、自分と上手に付き合っていることです。

「人生がうまくいくコツ」があることを知らなかった僕は、やる気になっても続かず、頑張ろうとしてもやり方が分からずにいました。結果、やりたいことを諦《あきら》めたり、途中で挫折《ざせつ》したり燃え尽きたり、失望したり……を、繰り返していました。

今思えば、人生がうまくいくコツを知らないために、空回りしていただけでした。まるで長細い机の端っこを一生懸命押して運ぼうとしているかのように。机を運ぶとき、机の中心に近いところを押せば前に進んでいきますが、片方の端っこをいくら頑張って押しても、机はその場でグルグル回り続けてしまいます。まさに空回り。僕はそんな実にならない努力ばかりをしていました。

自分の内面の見方も知らなかったので、昨日はやる気があったのに、今日はやる気が出ないなど、気持ちの上がり下がりに振り回されて、自分自身への自信を失い、心は疲れ果てていました。

この本には、あなたに希望を与え、進む道や成長のヒントを教えてくれる、「小さなコツ」が詰まっています。

なぜそんなことが言い切れるかというと、空回りしていた僕の人生が大きく変わった実体験が証明しているからです。本書のコツのひとつひとつが、僕があらゆる人に教えていただいた「私はこうしたら上手く行ったよ」という体験談です。

何をやってもダメ。もう人生終わったと思っていた15年前の僕。25歳のとき、カンボジアで一人の少女と出会ったことがきっかけで、人生をやり直そうと自分に誓いました。これまでの自分を変えたいと思ったそのとき、こんな言葉に出会いました。

〝幸せを夢見ている限りそれは夢で終わる、不幸とまっすぐ向き合う人こそ幸せになれる〟

それから15年間、仕事や人間関係で悩んだことやうまくいかなかったことども真っ直ぐ向き合ってきました。そして、向き合うと決めてすぐに、自分一人では解決できないと、悟りました（笑）。

そこで1000人以上の尊敬できる方に会いに行き、人生を明るく楽しく幸せに生きている人は、何を大切にして、何を考え、どう動いているのか、〝人生がうまくいくコツ〟を教えてもらってきました。人生をよりよいものにしようと思ってから15年。起業し自分らしく生きられる仕事をさせていただけるようになりました。そして、これを自分の心の中だけに留めておくのはもったいないと思い、教えていただいたコツたちを約4000日、毎日「たった一つの小さな『コツ』があなたを変える」という無料のメールマガジンで配信し始めました。それが口コミで広がっていき、5年前の2012年にこの本を書かせていただき、今回文庫本として、この5年間の学びも込め、改めて編集させていただきました。

高校時代から僕のことをよく知っている友人たちは言います。「お前を見て、人は変われるということが信じられるようになった」と。

それはきっと、裏技や一発逆転で楽してうまくいく方法を選ばず、目の前の出来事や人、自分自身と向き合い、多くの方からのアドバイスを参考にしながら、ひとつひとつ自分なりに試してきたからだと思います。

僕自身、今も悩むこともありますし、失敗することもあります。

しかし、これだけは言えます。人生のコツを知ることで、今の人生そのものが素晴らしいものだと確信できるようになります。僕の人生はこのコツたちのおかげで大きく変わりました。知らなければいまだに空回りしていたかもしれません。人生の師や先人たちから教えていただいてきた、この活《い》きた智慧《ちえ》を、あなたと分かち合うことができたら嬉《うれ》しいです。

それでは、あなたが変わるための小さなコツ。

それは、あなたという人間がまっすぐに成長する、正しい順番を知ること。

その順番とは、希望を見つける、現実を知る、自分を知る、理想を知る、行動する、見直す。

この本では、この「成長の正しい順番」に沿って、それぞれの段階ごとに必要になるコツを揃《そろ》えました。

あなたの背中を押してくれるコツが見つかるといいな、と心から願っています。

野澤　卓央

もくじ

第5章【自分を知る】まるごと「愛せる自分」を作るコツ　103

第6章 【理想（目標）を知る】生まれてきた意味を知るコツ

第7章 【行動する】現実を上手に変える行動のコツ 163

ブックデザイン　ヤマシタツトム

本書は、2012年5月弊社より単行本『あなたを変えるたった1つの「小さなコツ」』として発行されたものを、加筆・修正のうえ文庫化したものです。

第1章

僕が「成長の小さなコツ」に出会うまで

□ 母の病気で、小6にして一人暮らし

僕は、小学校6年生のときから一人暮らしをしていました。6年生のときに、母親が突然の病に倒れたからです。

あの日、僕が小学校から帰ってきたら、自宅の前に救急車がいました。近所の人がパニックになっていて、初めは何が起こっているのか分かりませんでした。しばらくすると、周りの大人たちの慌てぶりなどで、状況が少しずつ分かってきました。母は、命は助かりましたが、今でもまだ入院をしています。

そして、家族がバラバラになりました。そのころ、僕たち一家は名古屋《なごや》に住んでいました。父は母の面倒をみなくてはならないので、二人の弟は、愛知県新城《しんしろ》市の父方の祖父母のところに預けられました。僕も一緒に行くはずだったんですが、僕はそのとき父に「これ以上辛《つら》い思いはしたくない。（小学校の）卒業直前なのに、友達と離れたくない」、と駄々をこねました。もともと心優しいたちの

父は、僕を気遣い、それまで住んでいた名古屋のアパートを借りたままにしてくれました。

そうして、僕の一人暮らしがスタートしたのです。

家族がバラバラになった日を今でもよく覚えています。なんともいえない寂しさがありました。普段はケンカしても当たり前のように側《そば》にいた家族。当たり前だった家族団欒《だんらん》の時間。その当たり前がとても幸せなことだったと気づかされました。離れ離れになった父、母、弟たちのことを思い出して、朝まで泣いたこともありました。

このころ書いた、「夢はなんですか？」という題の作文には、僕の夢は野球選手でも、パイロットでもなく、「ラブラブなパパになる」でした。失った家族団《だん》欒《らん》を取り戻すのが、そのときの僕の夢だったのです。

□ 家族のこと

僕の家族は、ごく普通の、どこにでもいるような家族でした。父、母、二人の弟で、愛知県名古屋市の社宅に暮らしていました。父は口は悪いが真面目で責任感のある人。母は本を読んだり絵を描くのが好きな人で、あまり社交的とは言えないタイプでした。ひとつ下の弟はしっかり者で真面目、一番下の弟とは9歳離れていて、お調子者で甘えん坊な性格でした。

僕が4歳のとき、サラリーマンだった父の仕事の都合でシンガポールに行きました。シンガポールにはさまざまな国籍の人がいましたので、何が正解ということもなく、自由奔放に、何も考えず暮らしていたように思います。今でも僕はシンガポールや、東南アジアの国々が大好きです。学生のころに海外旅行に行ったときも、シンガポールを選びました。

しかし、小学校3年生のとき、日本に帰国して、周りの環境が一変しました。

海外からの転校生が珍しい学校だったので、ついたあだ名は「シンガ」。シンガポールから引っ越してきたから「シンガ」です。「シンガポールの言葉話してみろよ！」、そんな何気ない言葉がとても嫌でした。子どもながらに、変な形で特別な存在になってしまった、と違和感を抱きました。

それが嫌で、学校を休みがちになったこともありました。しかし、次第に友人もでき、小学校の卒業を控えて思い出を作る日々でした。そんな中での、突然の出来事だったのです。

□ 不登校の始まり

一人暮らしの僕は中学校に入学し、最初は学校に真面目に行っていました。

しかし、当時名古屋市は「親子のふれあいを大切に」というスローガンを掲げ、お昼の給食を廃止して、お弁当持参になりました。おかげで僕は、毎日お弁当を作らなきゃいけなくなりました。何が親子のふれあいだ、バカヤロー！　と言いながら（笑）、毎朝、眠い目をこすってお弁当を作っていました。でも、次第に作るのが面倒くさくなって。それに、一緒に深夜まで遊ぶ仲間や、学校に行かずにつるむ仲間もできたり。

そんな日々が続いて、だんだんと「面倒くさいな、学校に行きたくないな」と思い始めました。普通なら、学校に行きたくないな、なんて思った日には親が叱《しか》ってくれるのでしょうが、僕は一人暮らしだったので、休みたいと思ったら、そのまま休んでしまうのです。

次第に僕は学校を休みがちになってきました。1週間休むと、ならもう1週間も一緒かな。2週間休んだから、もう1週間くらいいいか——その繰り返しで、結局、中学校の3年間で300日休みました。

そんな調子だった僕の内申書でも行ける高校は限られており、三重県の山の中にある、全寮制の学校に行くことになりました。そこは知る人ぞ知る厳しい高校で、寮は先輩後輩一緒の24人部屋。ベッドと机だけがズラーッと並び、各自の仕切りもない、守られた個人のスペースといえばトイレの個室だけという、プライベートゼロの空間でした。朝から軍隊のように足を揃《そろ》えてマラソン、土日は草むしり。当然、上下関係も厳しく、それに耐えかねて1カ月もしないうちに学校を辞めていく生徒がたくさんいました。

僕も厳しさに耐えきれず、何回も脱走しました。脱走といっても、校舎は標高400メートルの山の上にあるんです。どうするかというと、まず寮から校門までは5キロくらいあるのでそこを歩いて行きます。門を出て林道を下りていくと、隣の家の明かりが遠くの夜景の中に見えるので（笑）、長い距離を徒歩で下りてヒッチハイクして、名古屋までトラックに乗って……。でも、名古屋についても帰るところもないものですから、深夜徘徊《はいかい》したりとか、友達の家に行ったりして。そうこうしているうちに警察に補導されて、学校に強制送還されるのがお決まりでした。当時はもう「学校を辞める」というのが僕の夢になっていたくらいです。「人生終わったな」と思う日々が続いていました。

□荒れた日々に出会った「お母さん」の無償の愛

ところが、そんな僕を変えた出来事がありました。

当時、僕は仲良くしていた友達の実家によくお邪魔していました。ご家族は、ご飯を食べさせてくれたり、泊まらせてくれたり、とてもよくしてくれました。

ある日、何度目かに僕が脱走したとき、その友達のお母さんが名古屋まで僕のことを探しにきてくれました。友達の家は静岡にあり、自営業でとても忙しいのに、仕事を休んで、ホテルに泊まり、1週間タクシーを借り切って街をグルグルと探し回ってくれたそうです。でも、僕は街を転々としていたため、見つかるはずもありませんでした。

しかし、後日僕が補導されて学校に戻ったときに、先生に叱られました。

「K君（友達）のお母さんがどれだけお前のことを心配したと思うんや。あんなことしてくれる人はおらんぞ」

そして、名古屋で僕を探してくれた話を聞きました。さすがに僕もそんなに人に親切にされたことがなかったので、驚くと同時にとても申し訳なくなり、会いに行きました。

お母さんに会って開口一番——僕は、友達のお母さんのことを〝お母さん〟と呼んでいました——、「お母さん、ごめんなさい」と言いました。僕はてっきり叱られるものと覚悟していましたが、お母さんの対応は、まったく僕の想像と違っていました。

お母さんは、すごく優しい顔で僕を見ていました。そして、

「タッくん（僕）、タッくんのお母さんが元気だったら、私と同じことをするんだよ」

と言いました。

その言葉を聞いた僕は、思いがけないことを口にし始めました。「お母さん、僕頑張ります。勉強頑張ります。学校も休みません」と泣きながら繰り返していました。頑張ります、と。そんな言葉しか、僕の口からは出てきませんでした。

お母さんの言葉は、僕の良いところも悪いところも関係なく、僕という存在の全部をまとめて包み込んでくれたように思いました。

以後、僕は一度も学校を休みませんでした。猛勉強をスタートし、ビリから数えたほうが早かった成績が、3カ月後には学年で5番以内に入るまでになりました。お母さんに褒めてもらおうと必死でした。また、学校や寮の役員を務めるようになりました。周囲の人は僕の変化にとても驚いていました。

お母さんは、それから高校卒業まで2年間、毎週「タッくん元気かい？ 頑張ってるかい？」といつも同じ白い便箋に手紙を書いて送ってくれました。そして冬になると「風邪ひかないようにね」と、チャンチャンコを送ってくれました。

これは、6年前知ったことなのですが、途中で僕、その友達とギクシャクしたことがあるんですよね。そのときは理由が分からなかったんですが、お母さんが教えてくれました。「卒業式のときに息子の衣装ケースの中から、私がタッくんに宛てた手紙が何通も出てきたんだよ、未開封のまま。焼きもち焼いてたんだね」と。実の息子が本気で焼きもちを焼くくらい、なんでそこまでするんだ？

と本気で思うくらい、それくらいお母さんは僕に、実の息子と変わらぬ愛をもって接してくれていたのです。

今になって思うことですが、いい悪いを超えて、そのままの自分、まるごとの自分を愛されることで、人は心を開き、相手の言葉を受けとめ、前を向いて歩いていこうという気持ちになれるんじゃないでしょうか。

「無償の愛」で勘違いされがちなのが、「人に喜ばれたい。人を幸せにしたい」という人。これは、一見いい人そうに見えますが、無償の愛とは違います。これは相手のことを思っているようでいて、実は「相手が喜んでいる姿を見て自分が喜びたい」、「相手が幸せそうなところを見て自分が幸せになりたい」ということと同じです。これは本当の愛情ではないと思うんですよね。また、良かれと思って相手を良くしようとする行為も、今現在の相手を否定して変えようとすることになるため、本当の愛ではありません。

相手の態度や反応、いい悪いに関係なく、母が子どもを愛するように、見返りを求めず、そのままの相手をまるごと愛することが愛だということを、僕はお母さんから教えてもらいました。

□猛勉強で大学進学、しかし自堕落な生活に逆戻り

しかし、人間というのはもろいもので、そこまでしてもらっていても、気が抜ければ一日で元に戻ってしまう生き物です。

学校の先生の後押しもあって、大学にはなんとか受かりました。高校を卒業して、文字通り下界におりることに成功したんです。そうしたら、そのへんを同年代の女の子がおしゃれして私服で歩いてるんですよね。それまでの3年間、僕の周りには青いジャージの女の子しかいなかったんですよ、ほとんど。なので、私服の女の子を目の前にすると、緊張して喋《しゃべ》れないくらいドキドキしました。寮生活では現金でジュースも買えないものですから、100円玉を片手に、自動販売機のボタンを押すのですら興奮しました。「うわーっ！　ジュース買っちゃったよ！」みたいな（笑）。そのくらい普通の生活とのギャップがあったんです。

そんな状態ですから、同世代の子と同じように普通に遊べる！　というだけではしゃいでしまいました。大学には行かず、勉強もせず、夜中は友人とたむろし、スロットで生活費を稼ぐ日々。このままではダメ人間まっしぐら……お母さん、親父、みんな、ごめんなさい、と思いつつも、友人からは「パチンコ屋か漫画喫茶か、自宅に行けばタクオに会える」と言われる、最悪のトライアングルの中にいました。そんな調子でしたから、結局僕は３回留年して大学に７年間在籍するという事態になりました。

このとき僕を救ってくれたのは、大学の先生でした。退学することも考えていたのですが、そのとき「僕はダメ人間だから」と親しくなった先生に話すと、先生は言いました。「お前は間違いなくダメ生徒だけど、ダメ人間ではないよ」。その言葉が僕を勇気付けてくれました。

そして先生は、パチンコ屋より魅力的なものを僕に教えてくれました。それは一人旅。先生は旅行が趣味で、国内外問わずたくさんの場所に行かれていました。先生の海外一人旅の話を聞いているとわくわくして、今すぐにでも行きたいという気持ちに駆られました。

僕はパチンコで稼いだお金で、バックパックを背負ってはじめに子どものころ過ごしたシンガポールに行き、その後、マレーシア、タイ、カンボジアに行きました。もともと小学校3年生までシンガポールに住んでいたので、東南アジアの国が好きで行ったのですが、カンボジアは、当時は今よりもかなり貧しい状況でした。長い内戦の影響もあり、国民の平均年齢が20代前半というような状況だったと記憶しています。タイの首都バンコクから、バスで国境の町アランヤプラテートを越え、カンボジア側の国境の町、ポイペトに入ると小さい子どもがいて、自分の服を引っ張って、物をくれとか、お金をくれとか言ってきます。日本では考えられないことでした。2回目に行ったら、「あの子は亡くなったんだよ」と、聞くこともありました。子どもが亡くなる、ということに衝撃を覚えました。テレビや新聞で見る貧困の映像ではなくて、直接自分の服のそでを引っ張られるという感覚は、今でも忘れられません。

□ カンボジア人の女の子との出会い

25歳のときに、３回目のカンボジアに行きました。アンコールワットのある街、シェムリアップで５、６歳の女の子と仲良くなりました。僕がビールを飲んだり、ヤシの実のジュースを飲んでゴロゴロしているとき、彼女は大きな鉄の鉈《なた》を持って、ヤシの実を割ったりしています。そのヤシの実を支える手は、鉈がポーンと触れたら、たぶん骨ごとふっとんでしまうような小さな手です。そんな手で、日本だったら絶対に「危ないから触っちゃダメ！」と言われるような大きな鉈を力いっぱい振るって働いていました。

それに対し僕は海外で「自分探しの旅」をしていました。「やりたいことがない」から、夢がないから、そんな理由をつけて働かずに旅をしている。一方で女の子は、家族のため、「生きるため」に働いている。「自分はこんなのでいいのか？」と強く思い始めました。

そんなある日、僕は女の子にお菓子をもらってしまいました。女の子が「おにいちゃん」と、僕の手にポンと置いてくれたんです。その瞬間、僕の中の何かが崩れ落ちました。この子から物はもらえないと思いました。あの鉈を振るって働いたお金で買ったのかどうかは分かりません。けれど、僕にはそのお菓子は重すぎました。気づくと、その女の子を抱きしめて、「ごめんね、ごめんね」と泣きながら謝っていました。涙が止まりませんでした。

自分は、なんてぜいたくな悩みで好き勝手していたのだろう。父や友人のお母さんからたくさんの愛情を受けていたのに、僕は……と。女の子は不思議そうに、泣きじゃくる僕の顔を見つめていました。

僕は半日泣き通し、すぐに日本へ帰って働こうと決意しました。

自分探しの旅で最終的に気づいたのは、どこを探しても「自分」はいないということでした。自分らしさとか、やりがいというのは、世界中のどこを探しても

——自分の「外」を探しても見つからないということがよく分かりました。

はっきりと気づいたのは、今の自分はとても恵まれているということ。その恵まれたものをもっと活かそうと思いました。そのとき初めて「今まで勉強してこなかったからもう遅い」とか、「自分には才能がないから無理だ」とか、「もっと自由になりたい」とか、「もっと楽しいことがしたい」とかではなく、現状に感謝して、恵まれた環境の中にいたことに気づき、今〝ある〟ものに目が向けられるようになったのかもしれません。

25歳で迎えたターニングポイントでした。

□ 順調に成長するが……

すぐに日本に帰り、大学4年生の8月、ぎりぎりの就職活動をスタートしました。帰国してまずしたことは、知っている職業をノートにすべて書き出すことでした。どんな仕事につくか考えるために、まずは選択肢を探そうと思ったのです。うどん屋さん、医者、パイロット、政治家、学校の先生……30個も書くころには、知っている職業がなくなりました。

テレビで、世の中には3万種類もの仕事がある、と聞いたことがあります。僕はやりたいことがないと言いながら、世の中にどんな職業があるかすら知らなかったことに気づきました。そして同じ頃、人生には終わりがあり、82年間で約3万日しかないということも知りました。考えていても始まらない、とりあえず目の前のことを一生懸命やるしかない、と思いました。

父方の実家は農家でした。僕は長男だから、農家を継ぐための勉強にもなるという理由で、名古屋の青果市場に就職しました。

そのころ、僕の心に火をつけたのは高校時代からの友人の活躍でした。

友人は25歳で美容室のオーナーになっていました。スタッフも10人、20人、30人と増え、半年後には2店舗、31歳までに5店舗までお店を広げていきました。

友人は会社や何人ものスタッフの悩みを解決して前に進むのに対し、僕は自分一人のことで悩み、足踏みしている。こんな自分を脱したいと思うようになりました。

日に日に学びたい、向上したいという気持ちが強くなっていき、働きながらパソコンやスキルアップのための勉強をし始めました。「1年後、月に1000万円、年間1億円以上の売上を作れる男になる」と書いたメモを手帳にはさみ、なんとか成長したいと、そんなことばかり考えていました。

このころから、失敗と悩み、そして気づいたことを手帳に書きとめるようになりました。失敗したときは次回はどうするのか、成功したと感じたとき、自分の心はどんな状態で何をしたのか、など。ここで始めたメモが、「小さなコツ」の元になっています。

そんな僕を見て、先の友人が一緒に仕事を始めないかと声をかけてくれました。もちろん僕はすぐに乗っかりました。

仕事は4店舗の美容室のマネージャーをしたり、素人ながら新しい店舗の設計図を描いて現場監督をしたりと、とにかくなんでもやりました。その中で僕は美容院向け商材の販売部門を立ち上げました。しかし、素人が企画したインターネットでの美容院向け商材の販売代理店業は、なかなかうまくいきませんでした。流れのない中で新しいことを始めても、100円すら稼ぐのは難しいのが世の中だと知りました。3カ月もすると、安売りをしていた私たちをメーカーは煙たがり、商品を卸してもらえなくなったのです。

売るものがなくなったら、会社は大ピンチです。自分の人件費くらいは出さないといけません。ぼーっとしているわけにもいかず、どうせなら有名店と言われるお店を見て勉強しようと、名刺だけ持って、飛び込みで「美術館に来るつもりで来ました。お店を見せてくれませんか?」と言って回りました。新手の営業かと怪しまれることもありましたが、僕に本当に売るものがないことが分かると、笑って話を聞かせてくれるオーナーさんもいました。「勉強していつか喜んでもらえるものを提供できる人になります」。そんなことを言いながら、毎日飛び込みしていました。

そんなときにも手を差し伸べてくださる方がいるんですね。以前、名刺のデザインをさせてもらった、エクステンション(つけ毛)を製造するメーカーの社長さんが、会社の商品を「野澤くんのところでも取り扱ってみる？」と言ってくださったのです。僕は「はい！」と無我夢中で即答しました。売るものができたというだけで感動しました。

初めは、身近な美容院への直接販売をしていましたが、「うちでその商品を扱いたい」という代理店も現われました。じゃあ、代理店にも販売しよう、とりあえず行ってみようか！　と、全国の代理店巡りが始まりました。

まずは営業車のカーナビに四国、広島、岡山、鳥取、兵庫、大阪、滋賀の大手美容代理店の電話番号を入力して、住んでいた岐阜をスタート。トランクに布団を積み込み、西日本行脚《あんぎゃ》が始まりました。そして悪戦苦闘しながらも、取引を続々とスタートさせていきました。

素人同然で始めたので途中いろいろな問題はありましたが、結果的に1年半後には全国50箇所で代理店をつくることができました。

そうこうして、1年と1カ月が経ったとき、この仕事を始める前に手帳に書いた〝月1000万円の売上〟を達成できていました。1年間無我夢中で、そんなことを書いたのも忘れていましたが、年末に手帳の整理をしていて気づきました。「やりたいことに期限をつけて紙に書いて持ち歩くと叶う」とよく本に書いてありますが、あれは本当なんだ、と驚いた瞬間です。このときも、手帳へのメモは続けていました。

□一転、突然やってきた借金1億円

会社の売上が安定したことで、時間にも少し余裕ができてきました。僕はまったくの素人でしたから、きちんと経営の勉強もしたいと思い、経営の勉強会に参加することにしました。

すると、たくさんの出会いがあり、魅力的な話が舞い込んできます。その中で、「これはビジネスチャンスだ!」と思えることに出会い、そのプランをスタートさせました。

会社には有能な人が集まり、順調に資金を集め、滑り出しは好調。しかし、うまくいっているうちは良かったのですが、1年もしないうちに会社は空中分解しました。相性ではなく能力だけで集まったメンバーに信頼関係はなく、うまくいったら取り合いに、問題が起きれば責任の押し付け合いをして人間関係が悪くなる……という状態でした。会社は倒産の危機に陥り、僕が背負った負債は最高時で約1億円にもなりました。

借金を背負ったとき、ほかのメンバーは、うまく自分の立場を守りながら、器用に切り抜けましたが、僕は、うまく立ち回ることができませんでした。

迷惑をかけた先でやむをえず土下座をすることになり、情けなくて、自分に保険金をかけて、死んでお詫《わ》びをしようと思いました。インターネットで自殺の方法を検索して、これは万が一失敗するとひどい後遺症が残るからダメだとか、この方法だと保険金が出ないからダメだとか、賠償でみんなに迷惑がかかるとか、いろんな死ぬ方法をプリントアウトしてファイリングしていました。そんな精神状態では笑うこと、ほんの少し微笑《ほほえ》むことすらできなくて、周囲にもずいぶん心配をかけたと思います。

そのころは毎日、最後の日だと思って家を出ていました。ちょうど子どもも生まれたばかりでした。毎朝、子どもに生まれてきてくれてありがとう、今日でさよならだけどごめんな、とお別れの言葉を言って、涙を流しながら小さな体を抱きしめて家を出ていました。いつ死んでもいいように、パソコンのキーボードの裏には、残された人のために銀行のキャッシュカードの番号や暗証番号、パスワードなどのメモを貼っていました。

仕事の帰りがけに、事故ったらそのまま運転している自分にガーンとぶつかるよう、前のバンパー部分の出っ張りのない車を借りて、深夜、幹線道路の交差点に行きます。そうして、大きなトラックが来るのをじっと待ちました。大きなトラックがやってきたら、突っ込んで死のうというわけです。そうしたら事故死に見えるだろう、保険金が下りるだろうと思っていました。

大きなトラックが来たので、いざ、アクセルに足をかけて踏み込もうとするんですが、本当に怖いんです。その数ミリ、1センチが踏めない。ちょっと動いたと思ったら、足が勝手にブレーキを踏んでしまう。「ごめんなさい、こんな自分でごめんなさい、こんな父親でごめんなさい、こんな息子でごめんなさい、こんな人間でごめんなさい」と言って、涙をぼろぼろ流しながらまたアクセルに足をかけるんですが、踏み込めない。本当に怖いんですね。自分で自分を殺すというのはこんなにも怖いものなのか、辛いものなのか、と実感しました。でも死ななきゃしょうがないと思い込んでいるので、何も考えないようにして、またアクセルを踏もうとするんです。そうすると、今度は頭の中がクリアになって、トラックの運転手の顔まで見えるんです。それがやけにいい人そうに見えるんですね。鼻歌とか歌っちゃって、やさしそうな顔をしているんです。この人にも子どもがいるかもしれない、家庭を壊したらどうしよう、と思って、またアクセルが踏めない。

また明日死にに行くのかと思うと、夜は怖くて仕方がありませんでした。そんな夜に何をしていたかというと、「希望となるものを紙に書く」作業でした。

僕の書いていたのは、明日の朝も子どもの顔が見たいとか、笑って朝を迎えたいとか、１日普通に生きていたい、ということでした。それを絵にしたんですね、家の絵を描きました。その縁側で子どもを抱いて、こんな古い何もない家でいいから、家族で静かに暮らしたいな、と思いました。1枚のわら半紙に描いたそれを抱きしめて寝ていました。毎日。寒い中、小さいカイロを握って寝るような感じで、希望を抱きしめていたんですね。

で、ある日、今日こそ死のうと思って車に乗って、交差点で待っていると、ふと気づいたんです。「頭で考えていることと、本当に心から思っている望みは違う」ということに。

僕はこれまで、「夢を叶えたい、自分を高めたい、今より幸せになりたい、もっと成功したい」と願ってきました。でも僕が心から願っているのは、あの紙に書いたように、笑って明日を迎えたいとか、子どもの顔を見たいとか、明日も食事を取りたいとか、生きていたいとか、そういうことなんだって思ったんですね。「頭は勝手だ。今まであれこれ求めて、いざ失敗したら『責任を取る』とかかっこいいことを言って、辛い状況から逃げるために自分を殺そうとしている」、そう思いました。頭で考えることに支配されていてはいけない、これからは心が思うことを叶えていこうと決めました。

そういえば、不思議なことに、自殺を考えていた日も、メールマガジンの「小さなコツ」だけは配信していかなければいけないと思い、続けていました。今思えば明日につながる僕の希望、それがこの「小さなコツ」だと、心の深い部分で感じていたのかもしれませんね。


こんな日々を半年間、過ごしていました。その間、監禁されるとか、本では書けないようなことがまだまだたくさんあったんですが（笑）。

地獄に落ちるきっかけも人でしたが、しかし、そんな状態の僕を救ってくれたのも人でした。友達のお母さんや大学の先生が僕を救ってくれたように、このときも手を差し伸べてくれた人がいたのです。弁護士を探してくれたり、危機を乗り切る案を一緒に考えてくれたり……もちろん、さっきの「希望を描く」コツを教えてくれた方もです。

地獄に落ちていく僕を救ってくれた人たちがいました。その人たちのお陰で、なんとか生き延びることができました。

□「おじいちゃん師匠」との出会い

いろいろな人に助けられ、少しずついろいろな考え方が変わってきた僕でしたが、僕の人生をさらに大きく変える出会いがありました。

その方は、数年前、68歳のときに起業されたおじいちゃんです。神奈川県の逗《ず》子《し》で、整体師の仕事をしていました。

僕は、ひょんなことからその方の仕事の手伝いをすることになりました。と言っても理由は単純で、その方が友達の義理のお父さんだったのです。義父が起業するにあたって、事業を手伝ってほしいと。友人の頼みなので「何ができるか分かりませんが」と快く引き受けました。そこから、おじいちゃんと僕の奇妙なデコボコ営業の旅が始まりました。

おじいちゃんは、一緒に仕事をしていく中で、折に触れて、人生にとってとても大切なことを、とてもシンプルにわかりやすく教えてくれました。

人間の本当の成長について。

この、誰もが知りたいと思う人生の秘訣《ひけつ》は、きっととても難しいことだろうと思っていました。しかし、教えの多くは新しいものを詰め込むような話ではなく、今までいろいろと学んできたものを実践の場で活かせるようにする話でした。

手帳と頭の中に棚や枠組みができて整理されていく感覚でした。

また、おじいちゃんは、ときには世の中では常識と言われていることとはまったく反対のことを言いました。

「自分が大嫌いな人は、本当は自分が大好きなんだねぇ」

「目標や自分を持つから人は迷い、苦しむんだねぇ」

「自分をなくすことが大切なんだよねぇ」

「生まれた理由、使命は探すもんじゃない。目の前にあるのに皆気づかないだけなんだよねぇ」

最初は、その意味がまったく分かりませんでした。しかし、その内容が次第に腑《ふ》に落ちてくることで、今まで何のために僕は学んでいたのか、その答えが少しずつわかるようになりました。

それまでも僕は、いろいろな人に会いに行き、いただいたアドバイスを手帳に書く作業を続けていました。しかし、人生の師のひとりであるおじいちゃんに出会うまでは、そのアドバイスの本当の活かし方を知らなかったのです。

おじいちゃん師匠の言うことに従って自分を成長させていくことで、現実で大変なことが起こっても、心を煩《わずら》わせることが減っていきました。昔は人の問題で苦しんでばかりでしたが、今は周りの人へ感謝することがずいぶんと増えました。

僕の人生は、おじいちゃん師匠が教えてくれた「あること」を知るまで悩みっぱなし、失敗しどおしの人生だと思っていました。

不器用で何をやってもうまくいかず、悩みと失敗ばかり。「自分は、なんてダメな奴なんだ」と思っていました。

うまくいかないことがあると、周りの環境が悪いせい。

できないことがあると、才能がないせい。

人間関係がうまくいかないと、自分の性格のせいにして生きてきました。

しかし、今思えば、困難との向き合い方や自分自身について、知らないだけでした。

そんな僕が、この自分で、この人生で良かったと思えるまでに至った、大切なコツを次章からいよいよ綴《つづ》っていきます。

第2章

自分を変える6つのステップ

□僕が最初の一歩を踏み出すために歩んできた流れ

プロローグでも触れましたが、僕は25歳のときから今日までの15年間、教わってきたことの気づきのすべてを手帳に書き続けてきました。その数は1万個を超えました。

今思えばこの15年間、時間とお金のすべてを自分自身を知るため、人生をより良くするために使ってきたと思います。僕が実際にこの本を書くまでに使ったお金は、事業の勉強代も含めて1億円を超えています。

最初僕は、誰から何を学べばいいのか、どこに向かえばいいのか、何をどうすればいいのかわかりませんでした。

夢や目標を持てばいいの？

ブレない自分になればいいの？

時間管理がうまくなればいいの？
行動力を身につければいいの？
コミュニケーション能力を高めればいいの？
資格を取ればいいの？
独立すればいいの？

など、思い当たる「やるべきこと」はたくさんあるけど、何から手をつければいいのか分からず、手当たり次第にいろいろな方法を学び、試しました。

しかし、それでもうまくはいかず心も満たされません。一時的に目標を達成したように見えましたが、もっともっとと高い目標を求め、結果、1章でお話ししたように、事業に失敗し、借金を抱え、繰り返し人間関係の問題に悩むことになりました。そんな僕に、おじいちゃん師匠が教えてくれたことがあります。

道に迷わず自分を成長させるために大切なこと。それは、「学ぶ順番を間違えないこと」です。僕は、無理していきなり夢を思い描いたり、目標を立てようとしたり、自分を知ろうとしたり、行動力をつけようとしてきましたが、少しうまくいき始めてもまた迷い、悩み続けました。それは、学ぶ順番がめちゃくちゃだったからなのです。

その正しい順番は、

現実を知る、自分を知る、理想を知る、行動する、見直す。

現実を知る、というのは、現実を生きていくうえで避けては通れない事実を知るということ。僕は現実くらい知っていると思っていましたが、実際は自分の生きている現実がどのように成り立っているかをまったく知らずにいました。現実の世界も知らないのに、その一部である自分を知ろうとしていました。そして、自分のことも分からないのに理想——つまり、夢や目標を持とうとしていました。理想が何かも分からないのに、行動しようとしました。土台がないのだから、一切分からないはずですよね。

そして僕自身はこのステップの前に大事なことがもう一つあると思っています。それは「希望を見つける」ということです。人生で最も大切なことに気づくとき、絶望の淵に立たされることがあります。その暗闇から抜け、本当の成長へと一歩踏み出すためには、「希望」が必要だからです。

□よく陥りがちな間違い

僕自身も、本当に「小さなコツ」というものを書くのには困ることのないくらい、失敗や悩みが常にたくさんありました。その悩んだもの、失敗したものをなんとか解決したい。そんな思いでいっぱいになり、いろんな人に聞きに行き、その答えを探しました。

しかし、「人からアドバイスをもらって、自分の問題を解決する」ときには、いろんな罠《わな》があるんですよね。「せっかくいいことを聞いたのに、なぜだかうまくいかない……」ということ、よくありますよね。

僕にとってのひとつ目の罠は、「話を聞いて、分かったつもりになってしまう」ことでした。

僕は水泳によくたとえるんですが、水泳の先生から、100時間座学で泳ぎの授業を受けたとします。そして水泳の本を100冊一生懸命読んで、重要な箇所に線を引きます。準備は万端、さあ泳げるぞ！　という気持ちになって、おすすめの水着を着て水の中に飛びこむ。実際に水の中に飛びこんでどうなったかといったら、溺《おぼ》れるわけですよね（笑）。

僕自身、本当に金メダリストのような人にみっちり教えてもらって、100冊の本を読んで、いざ水の中に飛びこむと溺れる……ということを繰り返していました。それで、自信をどんどんなくしていました。これは悪循環で、こうなると「もう人の話なんて聞いても仕方ない」とか、「俺はこんなすごい人に話を聞いても変われないいんだからダメだ」となって、あきらめてしまう絶好のきっかけになったりします。すごくもったいないことです。

また、「知っている」、「わかっている」ことも、勘違いしがちです。僕たちはよく「わかっているけどできない」と言います。お酒を飲みすぎた、禁煙したのに煙草を吸ってしまった……これは、本当は「わかっていない」からやってしまうのです。「わかっているけどできない」ことなんて、本当はこの世に存在しません。自分ができていないことは、本当は知らないんだ、と自覚することが大切です。

もうひとつ、僕がいろんな人にアドバイスを聞きに行って陥《おちい》ったことがあります。それは、「相手の真意が分からず、すべてのアドバイスを真《ま》に受けてしまう」こと。

僕の実家は農業を営んでいるのですが、他の畑でうまくいった栽培方法をそのまま取り入れてもうまく育ちません。それは、土も気候も違うからです。人の意見を参考にしながら、自分に合うやり方を模索することが大切だと思っています。

メールマガジンの「小さなコツ」を配信して、800号から1000号くらいのときに、「野澤くんはそんなにブレてどうするんだ？　そんなに人の意見ばかり聞いてどうするんだ。そんなことはもうやめて、もっと自分に芯を持ちなさい」と言われたことがあります。それでもやはり、方法が他に思いつかなかったので、続けました。

結果として書き続けたのは僕にとって救いになったわけですが、そのときの僕はその人の言葉（メッセージ）を受け取れませんでした。今思えばその人は、自分の気持ちや考えを大切にすることを教えてくれていたのかもしれません。

そのころちょうど僕を支えたのは、「ブレてブレてブレまくったその真ん中に芯ができる」という言葉でした。ブレていると感じた自分がいるからこそ、本当に大切なことに気づけるのではないかと思っています。

□ 本当に役立つアドバイスとは

そんな「罠」を乗り越えて、本当に自分にとって役に立つアドバイスがどんなものだったかを考えてみました。結局、役に立ったのは、「活きたアドバイス」だけでした。

「活きたアドバイス」とは、「私はこうしたよ」という実体験の伴ったアドバイスのことです。僕は、最初はどんなアドバイスでも一度はやってみようとしていました（だからこそ、傷つくことも失敗も多かったわけですが）。しかし正直に言うと、「ああしなさい、こうしなさい」という理屈だけのアドバイスは、どんなに世間的に立派な肩書を持った人のものだったとしても、僕ではできないこと、続けることができないことばかりだったのです。

本当に役に立つアドバイスは僕の話を聞いてくれる人の言葉でした。僕の話を聞き僕の内側から湧いてくる言葉を引き出してくれる人の言葉が心に響きました。最初から「ああしなさい、こうしなさい」とアドバイスされると、その内容を頭では理解できるのですが、なかなか腑に落ちません。聞いたことを試そうとするのですが気持ちが続きませんでした。

本当に役に立つアドバイスをしてくれる人は、まず僕の話を聞いてくれ、そして、僕が何を大切にしたいのかを明確にしてくれました。

その上で「私はこうしたよ」という実体験を伴った話をしてくれたのです。

元気な人に会うと元気をもらえます。アドバイスを聞くだけのときは、聞いた話（良いこと、正しいこと）を「やらなければならない」という気持ちでやっていましたが、話を聞いてもらい心のこもった経験談を聞いたことで自分の内側から「やりたい」という気持ちが湧き上がるのを感じました。

話してくれる内容も「今いる人を大切にする」など当たり前のもので、思わず聞き流してしまうようなシンプルさ。僕は特別なことを正解だと思いたがる癖がありましたが、よく考えてみれば、それをすると一番高確率でうまくいくことが「当たり前」と呼ばれるようになります。

はじめは半信半疑でしたが、「やらなければ」ではなく「やりたい」という気持ちで、当たり前のことをやっていくうちに現実が変化していきました。

このように、アドバイスの内容とともにその人の在《あ》り方から教えていただいたものが僕の宝物である「小さなコツ」たちです。

そのコツたちによって、人間関係、仕事、お金など外側のことに振り回されることが減り、自分の内面にある感情の浮き沈みで苦しむことも減っていきました。

僕自身、アドバイスを実践していくうちに、人生が大きく好転していきました。もちろん、まだまだの僕です。事業で何百億稼いだとか、若くして国際的にすごい地位にいるとか、そういうことはありません。本当に普通の一般人です。

ただ、人生を豊かにするコツに出会い、試した今、ひとつだけ言えるのは、今の僕は、些細なことで心を乱されることがなくなり、そして、とても人に恵まれるようになり、人間関係の悩みがなくなったということです。心から尊敬できる人たちが僕の周囲にいてくださるようになりました。

僕にとって、「小さなコツ」というのは、ツボみたいなものです。自分がいろんな話を聞いて試してみて、良くなるポイントはここだと思って聞いたものです。

例えば、会社や公民館の会議室にあるような、長机があると思ってください。その机を運ぶときに、横に長い机の隅っこのほうを一生懸命押したらどうなるでしょうか。端っこばかりが動いて、その場でくるくる空回りするでしょう。では、今度は机の中心を押したらどうなるか。今度は、机を動かしたい方向にまっすぐ進んでいくと思います。小さなコツというのは、一見遠回りに見えても、「そこを押すとうまくいくポイント」なんです。これは僕自身の経験からですが、物事は「ツボ」を知らないと、何回でも空回りして、頑張っているけどできない。けど、いったんツボを理解すればあとはスイスイと進んでいく。そんな側面があるんじゃないかなと思っています。

僕が成長できた、「小さなコツ」の活かし方が、これから紹介する6つのステップだといえます。

3章から8章までのコツが並んでいる順番は、それぞれが「成長」のためのステップです。この順番を意識して読んでみてください。「これは知っているけど、これは知らない」など、一足飛びにしてしまったこと、忘れてしまったこと、またステップの中でつまずいているところ、苦しく思っているところがあれば、深く探ってみてください。

第3章

【希望を見つける】暗闇の中で光を見出すコツ

弱った心を奮い立たせ、
成長の階段を上るためには
どうすればいい？

□大きな挫折から立ち直るきっかけをつかむコツ

1章でもお話ししましたが、僕は20代のとき、事業で大失敗して、数カ月世間から隠れるようにして過ごした時期がありました。その間は、生きることが辛く、心は弱り、何かにすがりたいと思うもののそれも見つからず、胸が潰《つぶ》れそうな日々でした。何かに挑戦しようとしても、また同じように辛い思いをするのではないだろうか？　と怖くなり、できませんでした。

そのとき、今、すでに〝ある〟ものに目を向けることで希望を見つけることができました。具体的には、「自分にとって当たり前だと思っていた幸せ」を紙に書きました。頭が思う理想の幸せは、今〝ない〟ものを描きます。普段忘れていましたが、「本当に望む幸せ」は、心の内側にすでにあったことが分かりました。そのときの話を、ここでは「コツ」として紹介させていただきます。

僕はそのころ、常に何かに怯《おび》えたようにオドオドし、人に状況を説明することはもちろん、人と普通に話すこともままならないほど落ち込んでいました。当時、僕の会社を担当してくださっていた税理士さんに、「いつも元気な野澤さんだったのに、あのころは野澤さんの笑顔を一度も見なかった。変わり果てた様子で、会って話すのも辛かった」と、後から教えていただいたくらいです。そんな僕を見かねた知人が、慕《した》っている、とある会社の社長さんのもとへ連れて行ってくれました。

僕の話を聞いてくださった後、その方は優しい口調で言いました。「そうか、君もいろいろあったんだね。苦しいよな。実は私にも、20代の終わりに、なんともならないような苦しいときがあったんだ。

普段このことは人には話さないが、私がその時期を乗り越えた方法を君に伝えるよ。君が笑顔を取り戻すきっかけになれば嬉《うれ》しい」——。そうして、その方は話しはじめました。

「20代の終わりから5年間、ある事業に加わった。その仕事がきっかけで、抜け出すことができない泥沼のような事態に陥っていったんだ。日々事態は悪くなる一方なのに、なんともできない状況が5年以上続き、体力的にも精神的にも限界がきていた。夢で思い出しては呼吸困難になり、病院に運ばれたことが何度もあった。

5年が過ぎたころ、事態は次第に良い方向に向かっていった。しかし、その後もその時期のことを思い出しては、激しい動悸《どうき》に襲われたり、夜中に呼吸が止まりそうになる日々が続いた。心は強いほうだと思っていたが、5年間の苦しみは想像以上に自分の心を苦しめていたんだね。

そんな状況を克服するきっかけがあった。それは『最高の幸せ』に気づいたときだった。自分にとって最高の幸せとは何か?を、徹底的に紙に書き出した。そして、今までは当たり前と見過ごしてきたことが、私にとって幸せなことだったのに気づいた。

そのとき思った。これ以上は無理だと思うほど苦しい体験は、もしかしたら、自分にとって何が本当の幸せなのか教えてくれるものだったのかもしれないと。それに気づいてからというもの、私は過去のトラウマに縛《しば》られることなく本当の幸せに向かって進み始めることができた。幸せとは何かを教えてくれた過去の辛い経験に感謝すら覚えるようになっていたんだ」

このように教えていただいた僕が、眠れない夜に毎晩描き続けた「希望」は、古い庭付きの一軒家で、わが子を抱きしめ笑っている絵でした。そこに書いてあった僕の願いは、「笑えること」「明日も生きていられること」「家族が元気でいること」「家族で食事ができること」。僕はその絵を毎晩抱きしめて寝ていました。それ以来、大変だったその時期のことを思い出しても不思議と胸は苦しくならず、反対に本当の幸せに気づかせてくれるきっかけだったと思えるようになっていました。教えていただいたことは本当だったのです。

それから数年後のことです。僕は、この絵のことを忘れていました。5年前この本のために、自分で書いた当時のノートを見なおして、驚きました。なんと、命からがらそのときノートに書き出していたことは、すべて現実になっていたからです。四季を感じられる庭のある平屋の古い一軒家で、子どもを抱いています。さらに、ノートに描いてあった丸い座布団も、ちゃんと家にあったんです

（笑）。驚きでしょう？

辛い状態のとき、すぐに希望は見つかりません。考えることすら辛いでしょう。でも、今思えば、無理にでも心が望む幸せを書き出したこと、その行為そのものが、絶望的な状態から抜け出し、本当の幸せに向かう原動力になってくれたと思います。

元気がでないときは、今〝ある〟ものを1日5個書き出す。

「住む家がある」「家族がいる」「食べ物がある」「太陽の陽がある」など普段当たり前になってしまっている今〝ある〟ものに目を向け書き出してみてください。

書いてみると心がホッとしたり、安心を感じ体が温かくなってきます。

今日やってみてよかったら、明日もやってみてください。

2週間くらい続けてみると、今まで目を向けていなかった「当たり前のこと」が僕の希望だと体感的に気がつきました。

1日5個〝ある〟ものを見つけるのは、元気がないときだけ有効な方法ではありません。続けると本当に大切なものを発見することができます。

そして、毎日、何とか希望となるものを探そうと思い続けていると、実は今まで目を向けていなかった「当たり前のこと」が僕の生きる希望だと気が付きました。人から夢と称されるようなことでなくてもいい。当たり前のことでいい。小さくてもいい。自分のことでなくてもいい、子どもや部下の成長を見届けるでも何でもいい。自分が心から幸せと思えることを書き出し、目を向けてみることが大切だったのです。

もうひとついいことがありました。最悪の状況に陥る前まで抱えていたストレスから脱出できたのです。それは、現代に生きているとどこからでも聞こえてくる「もっと、もっと」という煽《あお》り文句に焦らなくなったこと。例えば、「もっとお金を儲《もう》けましょう！　あれを手に入れましょう！　もっと自由になりましょう！　もっと健康でいましょう！　もっと楽しまないと損ですよ！」など、世の中にあふれる「今よりよくなろう」という欲望を煽《あお》る情報に翻弄《ほんろう》され、不必要な欲望で心を混乱させることがなくなりました。

今ある辛く苦しいことは、自分にとって「最高の幸せに気づく」チャンスなのかもしれません。

□ 弱った自分を奮い立たせるコツ

事業で大失敗したあと何をしても元気がでない、誰かの話を聞いても元気がでない日々が続きました。気持ちを明るくしようといろいろな方法を試しましたが元気はでませんでした。しかし、この方法だけは効果がありました。それは、「笑う振りをする」。

「声を出して大声で笑う振りをすると元気になるよ」

そう教えてもらった僕は、ワラにもすがる気持ちで声を出して笑ってみました。

車の中で一人、大声で、何度も何度も声を出して、手を叩《たた》いて笑う振りをしました。信号で止まっているとき隣の車の人に怪訝な顔をされたこともありますが、笑っていると不思議なことが起きました。何をしても変わらなかった気持ちが変わったのです。腹を抱えて笑う振りをするだけで気持ちが少し和《やわ》らぎました。

そのことで、頭でいくら考えても、何をしても改善しないときは行動から気持ちを引っ張ることも大切だと知りました。

このことをあらためて教えてもらった出来事がありました。

僕は東日本大震災の後、津波で大きな被害のあった岩手県山田《やまだ》町を訪れました。山田町は、盛岡《もりおか》から車で2時間半ほどの、人口約2万人の港町です。津波で甚大な被害をうけ、死者は604名、行方不明者は153名にのぼります（2012年3月30日時点）。

いつも、何か自分にできることはないかと思い山田町に行っていたのですが、現地に行くと、前を向いて生きる被災地の人たちから多くのことを教えていただくばかりでした。

　震災の直後、地元の消防団の方とお話ししました。この方は、大石秀男《おおいしひでお》さんという当時56歳の男性で、津波から生き残ることができた数百名の町の人々を避難先に誘導し、町で亡くなられた１００名以上の方々を自分の車で安全なところまで運び、遺体の顔をペットボトルに入れた水できれいに拭いて回られました。普段は牡蠣《かき》の養殖業をされているこの方自身も、津波でお兄さんを亡くされました。多くの知り合いを失い、家も牡蠣の養殖棚も仕事もすべて、流されました。

　しかし、すべてを失っても、その方は笑顔で前向きに人生を歩んでいるように見えました。震災直後、過酷な状況の中、骨と皮になるほどガリガリに痩《や》せてしまっても、その笑顔を絶やしませんでした。

　考えられないような状況を生き抜いてきたその方に、友人が質問しました。

「どうやって乗り越えられたのですか？」

　すると、その方の笑顔が一瞬消えました。そして、こうおっしゃいました。

「本当に乗り越えられていると思う？　毎日笑顔で、乗り越えているように見えるかもしれないけど、そんなに簡単に立ち直れることではないよ。だけど、泣いていたり、下を向いていたら思い出したくないことまで思い出す。私だけではない。皆、上を向いて笑顔でいるのはこれから先を見るためだよ」

その方も、本当は落ち込んでいたのです。そんな気持ちを押し殺し、元気な振りをして上を向いて笑顔でいるのは、辛い状態を乗り越えるため、これから先を見るためでした。

人はやるしかなくなったとき、頭の中であれこれ考え悩んでいても仕方がないことが分かる。嘘《うそ》でも上を向いて笑ってみると、変化が生まれるかもしれません。

ま・と・め

【希望を見つける】

□挫折から立ち直るきっかけをつかむには？

↓自分にとって本当の幸せとは何か、当たり前の幸せを紙に書き出す

↓今〝ある〟ものを1日5個書き出してみる

□弱った自分を奮い立たせるには？　↓上を向いて笑う振りをする

第4章

【現実を知る】自分の人生が宝物のように輝きだすコツ

成長の第一歩は、
自分を知ることでも目標を
立てることでもない？

□自分の人生が宝物になるコツ

自分は、何のために生きているのか？
なぜ生きなければいけないのか？
子どものときから、なぜ自分が自分として生きているのか、疑問に思うことがありました。

しかし、世の中のことをまったく知らない子どもの僕には、その答えの糸口すら見つかりませんでした。その後、辛いと感じる経験をして、苦しいと思う時期が続けば続くほど、自分はこんなに辛い思いをするために生まれてきたのか？　何のために生まれてきたのか？　と、再び深く考えることになりました。

その答えが知りたくて、心理学や哲学、さまざまな宗教、偉人と呼ばれる方の本を読んだり、実際にイキイキと生きている人たちに、生きる意味を聞いてまわりました。

それで僕が分かったことと言えば、生きる意味は、人それぞれ違うということ。そして、僕が生きる意味を理解できなかった原因の一つは、自分に終わりがあることも知らず、永遠に生きると思い込んだように行動していたということでした。

ホンダの創業者、本田宗一郎《ほんだそういちろう》さんが「教育で一番大切なのは、死生観を教えることだ」とおっしゃっていました。そのとおりだと、今になって思います。

自分がいつかなくなる、これから先頑張って手に入れたものもいつか全部なくなると思ったとき、人生がどうでもよくなるかといったら、実はそうじゃないと思うんです。

永遠に生きるかのような心持ちで毎日を過ごし、人生に希望が持てなかったときの僕は、まるでゴールのないマラソンを走っているようでした。

夢や希望を持つことが大切だ。向上心を持ちなさい。いい学校、いい会社に入りなさい。効率よく、上手に、皆に負けないように、より速く、より楽しく、より安定的に一生懸命走りなさい！

もちろん、はじめは頑張りました。でも、ゴールがないまま、ただ上手に走ることだけを目指す日々に、一時的に芽生えたやる気や希望もすぐに力尽きてしまいました。

ゴールのないマラソンを頑張れと言われて、楽しく走り続けることができるでしょうか？

ところが、「自分は、いつか死ぬし、手に入れたものもいつか全部なくなる」ということが腑に落ちたときに、「じゃあ、この限りある人生を大切にしよう」という気持ちに初めてなったのです。同時に、「いつか安定したい」と考えてきましたが、現実をきちんと見れば、日々同じような生活に見えても、人もモノも刻一刻、滝が流れ落ちるように変化し、一瞬たりとて同じ形状を留めずに消えてなくなる方向に進んでいます。明日何があるかも分かりません。同じ状態がいつまでも続く、そんなものは現実にはそもそも存在しないと気づきました。

喉から手が出るほど求め、これから頑張って手に入れようとしている地位も名誉もお金も財産も、いかなるモノもいつか必ず手放すことになります。最愛の人との別れが必ず来ることも、自分の若さが永遠には続かないことも腑に落ちました。目の前のものは必ずなくなる。ならば、失うことも当たり前。失うことを恐れて執着することの愚かさを思い知りました。

自殺を考え、毎日最後の日だと思って息子を抱きしめて家を出ていたあのころ、息子が本当に愛《いと》おしかった。俺は死ぬんだ。この可愛い息子も、今じゃないけどいつか必ず死ぬ。仲のいい友達も、両親も、いつか必ず死ぬ、ということが分かったからです。そう思うと、今いるこの空間、東京のきれいなビル、新しいビルだとしても、100年後200年後には必ずなくなります。僕は、物、お金、地位、名誉、名声、安定など、いつか必ずなくなる物を一番大切だと思いこんで必死で追いかけていたんです。これから僕が手に入れようとしているもの、自分の最愛の人、成功といわれるもの。これも絶対になくなるものなんだと少しだけ分かったんですね。頭じゃなくて体で分かったんです。自分も含め、すべてのものがいつかなくなるということが。

やりたいことをやりたい、したいことができないなどと言って、自分のこと、目の前のことにだけ囚《とら》われ、足元しか見ていないから、人生そのものが見えなかったのです。

そして、尊敬できる方々と出会ったとき、死生観を持って生きている方の多さにも気づきました。

人生はいつまでも続くものではない。僕は明日いなくなるかもしれない。水道の蛇口をひねったらいつでも、いくらでも出てくる水は日々の生活の中で大事にできないかもしれない。でも砂漠で遭難して、わずかに残った水筒の中の水は、貴重で大切なものに思えるでしょう。死生観を学び始めたことで、僕の人生が、そんなふうに感じることのできる、価値ある人生に変わってきました。

必ずくる死というゴールに向かってどう走るか。

それを考えるうえで、大切にしている好きな言葉があります。

それは、

「目の前のものが尊いと思えたとき、素晴らしい人生になる」

自己実現、つまり目標や夢を叶えることはとても大切なこと。しかし、その根底には目の前のもの、限りある人生への愛おしさがあってこそ素晴らしい人生になるのかもしれません。

□思い通りにならないことに苦しまなくなるコツ

自由になりたい。誰にも何にも囚われずに好きなときに好きなことをする。お金も時間も付き合う人も自分の思い通りになれば、生きることは幸せに違いない。

そんなふうに思っていたとき、僕はこう考えていました。

「何でも自分の思い通りになれば幸せ。

自分の思い通りにならないことがあれば不幸せ」

当時の自分に「だから今、お前は苦しいんだよ！」と教えてあげたいです（笑）。

「どうやって人生を思い通りに生きられるようになったんですか？」と僕が聞くと、おじいちゃん師匠は笑ってこう言いました。

「人は皆、自由を求めるね。

しかし、自分の意思で生死を自由に扱える人はいない。生まれるときも不自由、死ぬときも不自由。その間に自由があると思うかい？

人は自分で選んで生まれてくる、という人もいるが、今の自分にその記憶はないだろう。同じように、死ぬときも自分では決められない。自殺も、本当の意思ではない。より良く生きたいと願った結果、なんともならなくて本意ではなく死を選んでいる。

皆、自分の意思で自分の人生を選んでいると思い込んでいる。でも、人ができることと言えば、与えられた環境の中で、その瞬間どちらを選択するかくらいなんだ。その証拠に、同じ人間でも、ハワイのビーチで気分よく寝転んでいるときに考えることと、無実の罪で牢獄《ろうごく》に閉じ込められたときに考えることはまったく違うだろう。

人はまわりの環境に反応して、その時々の自分の考えや答えを選ばされている に過ぎない。良い環境に行けば、良い考え、良い行動が生まれる。悪い環境に行けば、悪い考え、悪い行動が生まれる。

ただ、人は自分をどんな環境に置くかを選ぶことだけはできる。目の前に現われた選択肢の中で、より良い環境に自分を置いていくことが大切なんだね」

この言葉の意味を少し理解しはじめてから、思い通りにならないことを嘆くのをやめました。そのかわり、目の前にある選択肢、例えば、今やろうか、後でやろうか、という選択を迫られたときには、自分（命）が本当に望むものを選択しようと思えるようになりました。現実を受け止めず、目先だけを見て、自分の思い通りになることが幸せだと思い込み、ありもしない自由を求め続けて、自分で自分の一生を苦しいものにするところでした。

自由になりたいと願うことで、自由に囚われて不自由な人生にならないようにしたいものです。

□ 劣等感に振り回されなくなるコツ

25歳を過ぎて、「このままでは終わりたくない、学びたい、成長したい」という気持ちが強くなりました。まわりでうまくいっている人や、テレビや雑誌に出てくる成功者がよく見えてきて、憧《あこが》れました。僕もとりあえず成功したい。もっとお金持ちになりたい。もっと幸せになりたい。もっと休みが欲しい。もっといい車が欲しい。もっと自由が欲しい。もっと安定した生活がしたい――もっと、もっと、もっと、と際限ない欲求にのみ込まれていきました。その結果、一度は自分が望む成功を手にしかけたものの、天狗《てんぐ》になって自分の限界を超え、事業で失敗。どん底に落ちていきました。

かつての同じあやまちを繰り返さないためには、どうしたらいいのか。おじいちゃん師匠に聞きに行ったことがあります。

師匠は言いました。

光があれば影がある。男がいれば女がいる。背が高い人がいれば低い人がいる。太っている人がいれば痩せている人がいる。お金持ちの人がいれば貧乏な人がいる。この世のあらゆる物事には二つの極があるよね。私たちは相対の世界に生きているんだ。

私たちは、誰かや何かと自分を比べることで、自分の立ち位置を知る。だから人より豊かになろう、○○になれば幸せだろう、と上を上を目指していく。しかし、この世は相対の世界だから、上がれば下がることもある。上を目指しつづけるだけでは、きりがなく続く欲求に苦しめられることになる。

この世が相対の世界であることを知らずに生きれば、必ず浮き沈みを繰り返して、死ぬまで四苦八苦して生きることになる。心が求める目標を持つと、本当の道が見えてくるよ。

そう教えていただきました。

この世が相対の世界なら、上を上を目指せば、その人の器《うつわ》や分《ぶ》にあったところまでは上にいけるが、きりがない欲求にいつか押し潰されることになります。夏に咲くひまわりが、春に咲く桜を見て、「俺も春に咲きたい、ピンク色に咲きたい」と願うようなものです。ひまわりはひまわりだよ、黄色で夏に咲くのがいいんだよ、と誰もが思うでしょう。でも、花はみんなピンクがいい、4月に咲くのがいいとされていたら、ひまわりはたぶん4月に咲きたい。ピンクに咲きたい、もっともっと……と悩んで、一生をダメなひまわりとして送ってしまうと思うんです。そのままでいれば美しいのに、これは非常にもったいないことです。

……とは言うものの、誰かと比べたり、何かと比べたりせずに、どうやって心が目指すものを探せばいいかはまったく分かりませんでした。

しばらく自分は何と比べて喜ぶのか？　何と比べて悲しむのか？　何を価値基準に喜び悲しんでいるか観察していると、あることに気づきました。

喜びと悲しみがなければ何が大切なのか分からない。喜びや悲しみは何が大切か気づくためにある。悲しみは本当はあって欲しい何かが〝ない〟から悲しい。喜びは欲しいものが〝ある〟から喜べる。喜びと悲しみの先にあるものに気づくことで心が求めているものが分かるかもしれないと思いました。

また、これを自分の内側にも当てはめることができます。頭で自分が嫌いと思うのは、「自分を好きになりたい」という想いが心にあるから。人に対して冷たい自分を責めるのは、「人を大切にしたい、優しくしたい」という想いが自分の心にあるから。

できる、できないという結果にとらわれることなく、自分の心が望むことを大切にしながら進んでいけばいいと思いました。

ともすれば、頭は理想を追い求め過ぎます。人と比べて良いほう、良いほうを目指すその先には道がないこと、その先には本当の心の幸せがないことに気づき、常識にとらわれず、心が求める豊かさや幸せに気づくことが大切なのかもしれません。

□望む結果を出すコツ

いろいろな人にお会いしていると、仕事で結果を出しても、お金がたくさんあっても、難しい資格を取っても、努力しているのに幸せそうに見えない人がいました。また、人のために尽くしているけど報われず、苦しんでいるように見える人がいました。

僕は資格や技術など生きる力を身につけ、頑張って結果を出せば人生は良いものになると信じていましたが、そんな人を見ていると、「頑張ってもうまくいかないのではないのかな？」と思えてきました。

そんなとき、「手段」と「目的」を間違えて努力しても望む結果は得られないことを教えてもらいました。

努力してもうまくいかない時は「手段」が「目的」になっていないか見直して

みたほうがいい。

例えば、上司であるAさんは部下に「早くしろ、早く終わらせろ」と言うのが口癖。ひとつの仕事がやっと終わったと思ったらホッとするまもなく次の仕事に取り掛かるように指示します。部下はAさんといると急かされた気持ちになり落ち着けません。職場には変な緊張感がありました。

あるとき、Aさんに「急ぐことで何が欲しいのか」と聞きました。するとAさんは「急ぐことで時間ができる」と答えました。続けて「時間ができることで何を望んでいるか?」と、Aさんに聞きました。するとAさんは「時間ができれば安心できる」と答えました。

Aさんが本当に望んでいたのは「安心」、それを得るための手段が「急ぐ」だったのです。

Aさんは「急ぐ」ことで「安心」が手に入ると信じ頑張ってきたのですが、実際はAさんが急げば急ぐほど、Aさんの中にも周りの人の中にも「安心」はなくなる。大切なのは「安心を得るためにはどうしたらいいか？　安心を得るための方法を創造することが大切だよ」と教えてもらいました。

僕の知っている女性で、お金があったら安心できると信じて遊びもおしゃれもせず1千万円貯めた方がいました。1千万円貯めた瞬間は安心しましたが、数カ月後には1千万円では老後の資金には足りないとまたお金を貯め始めました。彼女はいつ安心できるのでしょうか？

努力してもうまくいかないと、自分に才能や運がないせいにしてしまうことがあります。そうではなく、本当に望んでいるものにまず気づき、それを得るためにどうしたらいいか知恵をしぼることが大切だということを知りました。

□物事を正しく見る目を養うコツ

僕は、25歳を過ぎて、はじめて本を読むようになりました。

成長するためには、「まずは現実を正しく見ることが大切だ」と多くの本に書いてありました。と同時に「しかし、物事をありのままに見るのはとても難しい」と書いてある本がものすごく多かったのです。それを読んで僕は心の底で、「正しく物事を見るなんて簡単じゃないか？」と思っていました。

しかし、実際は、「あの人は社長で、いい車に乗って、高価な時計をしているからすごい人に違いない」、「あの人は本を出していて有名な人だからすごい人に違いない」、「あの人は昔から付き合ってきたから悪いことをするわけがない」、「これは高かったからいい物に違いない」という色眼鏡で物や他人を見ていました。

「すごい人」と言われている人に会うときは、会う前から緊張していて、実際その人に会ったとき、「やった！　すごい人に会えた！」という思いで、目の前にいるその人が実際どんな人なのか見えていませんでした。前評判や、値段、自分の好き嫌いという目線が、その人や物のありのままの姿を見ることをできなくしていることにすら気づいていませんでした。

そんなときおじいちゃん師匠に言われました。「物事や相手をありのままに見ることができないのは、自己中心的な目線、つまり自分のエゴを通して世の中を見ているから。この人は良い人に違いない、これはいい物に違いない、と、自分にとって都合がいいように人や物事を見ているから判断を間違う。

正しく人や物事を見るためには、もう一人の自分で自分を見る必要がある。自分と相手ではなく、もう一人の自分で、自分と相手を第三者の立場から見ることが大切なんだね」と。

僕は、おじいちゃん師匠はどうやって第三者の目線で自分を見ることができるようになったのですか？　と聞きました。すると、昔話がはじまりました。

「私が若いころ、人の家を転々としながら働いていたことがあった。地元に残してきた家族に仕送りするためには、失敗をして追い出されるわけにはいかなかった。自分も相手も気分よく住まわせていただくには、家族団欒《だんらん》の席で無口でいても感じが悪い。話題も、自分の話ばかりしては煙たがられる。場の空気を読んで、いつも全体を見ている必要があった。しかし、それはとても難しいことだった。

そのころは、自分で自分を、上から24時間見張っていた。お酒を飲んでいても、どんなときでも、自分で自分を見張り続けた。結局その生活は7年間続いたが、あるとき不思議なことが起きた。今まで自分を客観的に見ていた、もう一人の自分と、行動している自分とが、突然一つになった。とても不思議な感覚だったが、それ以来、客観的に物事を見ることができるようになったんだね」

また、別の機会にこんな話もしてくれました。「正しい判断は平常心のときにしかできない。天狗になって自分はなんでもできる気になって事を行なえば失敗するし、ダメなときは苦しくなって、無理に新しいことをやろうとして失敗する。つまり、ハイテンションの浮ついた気持ちや、ローテンションで落ち込んだときにやったことはうまくいかない。ハイテンションでもローテンションでもない平常心でいることが判断を誤らないコツだ」と。

その後、おじいちゃん師匠に教わったことを実践するために自分が今どんな状態か客観的に自分を見て、何かするときは「平常心の自分」に戻るようにしています。また、物事をあるがままに見るために「事実」と「解釈」を分けていきます。例えば誰かに「無視をされた」という事実は存在しません。「Aさんは何も言わず歩いて行った」というのが事実です。写真で撮れること、音声として録音できることが事実です。「あの人はいつも酷いことを言う」これも解釈です。事実は「相手が実際に口にした言葉」。人は事実と解釈を混同しやすく「無視をされた」「騙《だま》された」「傷つけられた」など自分が解釈したことが事実だと思い込み、被害者や加害者になります。

これは事実か？　解釈か？　自分が見ているもの、聞いているもの、考えていることを丁寧に見ることで、自分の価値観、思い込みに気づき、あるがままに物事を見ることができることが増えていきました。

ま・と・め

【現実を知る】

□自分の人生を宝物にするには？　↓死生観を持つ

□思い通りにならないことが苦しいなら？　↓そもそも自由はないと知る

□劣等感に振り回されているなら？　↓違いは比べるためでなく生かすためにあると知る

□結果を出したいなら？　↓目的と手段を明確にする

□物事を正しく見る目が欲しいなら？　↓第三者の目線で自分を見張る　↓自分の価値観、思い込みに気づく

第5章

【自分を知る】まるごと「愛せる自分」を作るコツ

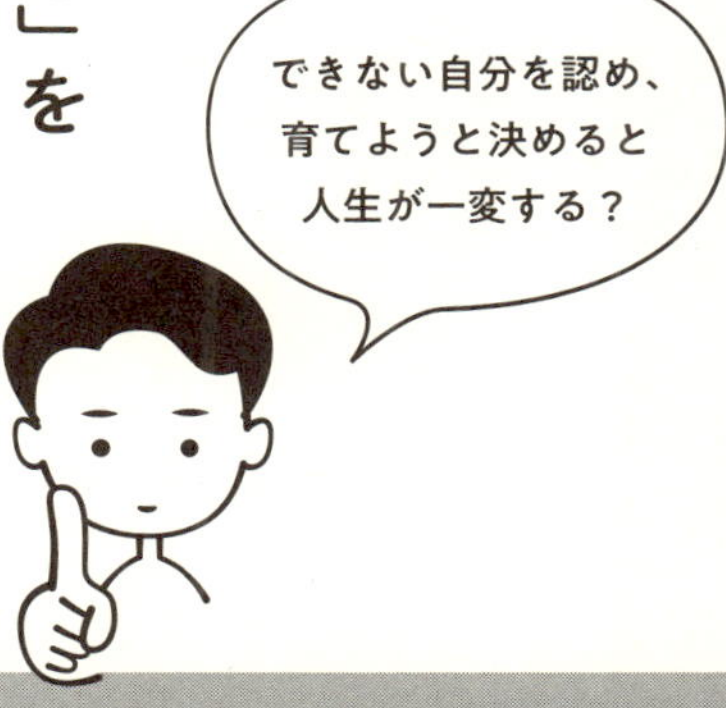
できない自分を認め、
育てようと決めると
人生が一変する？

□できない自分を認めるコツ

片付けが苦手、いい加減、あきっぽい、人に影響されやすい、もっと明るい性格なら、もっといい人なら、もっと賢ければ……。

僕はいつも、自分の嫌なところをたくさん挙げ、「直したいな、でもなかなか直せない……」と、苦しい気持ちになっていました。自分で自分を否定しても仕方ないことは頭では分かっていました。気分や調子がいいときは自分を責めることはないのですが、うまくいかないことが続くと、ついついダメな自分を責めてしまうのです。

今はもう亡くなってしまったのですが、物の見方や考え方を変えてくれた合田《ごうだ》玄二《げんじ》さんという方がいました。合田さんは、とある大企業の重役を務められた後、コンサルタントとして活動されていて、いつも穏やかで深い話を分かりやすく教えてくださる方でした。仕事はもちろん、プライベートでも輝いていました。すっかり合田さんファンになった僕は、１カ月に一度くらいのペースで個人的に会いに行くようになっていました。歳を重ねるごとに素敵になっていく合田さんがどうやって自分を高めているのか知りたくて、僕は合田さんに「自分の嫌なところはどうやったらなくせますか？」と聞きました。すると合田さんからは意外な答えが返ってきました。

「自分の嫌なところを直そうとするのは辛くない？　僕は自分に嫌なところがあったら、『自分には○○というところがある』と受け入れて、注意をはらうようにだけしているよ。

　僕は若いころ、人の話に影響を受けやすいところがあった。でも、単に自分に『影響を受けるのはもうやめる！』と言うだけではダメなんだ。どんなところも自分らしさなのだから、それを否定しても苦しいだけでなかなか直らない。自分とは一生付き合っていくのだから、今の自分、ありのままの自分を否定せずに受け入れ、認めることが大切だと思うよ」と教えてくださいました。

　その当時僕は、何を聞いてもすぐに忘れてしまう忘れっぽい自分が嫌でした。

不器用な自分が嫌でした。人前で話せない自分が嫌でした。

人はなぜ自己否定するのでしょうか？　自己否定する人は、否定することで自分は反省し、いつか良くなると信じています。無自覚でしたが僕もそうでした。しかし、子育てで言うなら、今のあなたではダメと親に否定され、違う人のようになりなさいと言われた子どもの心や能力は育つでしょうか？　僕は存在を認められ可能性を信じられた子どもこそ本来の力を出すことができると思っています。

ダメな自分を否定し、違う自分、良い自分になろうとするのではなく、今の自分を無条件に認めることで人は本来の力を自然と発揮できるようになっていきます。

自分はどんな自分がダメだと思っているのか？　全て書き出し、ひとつひとつ「あなたはそのままで素晴らしい！」と声を出して自分自身に言ってみてください。すると、心の内側に安心や安堵感が生まれるかもしれません。

今の自分を否定することが減っていくと、ダメな自分を隠す必要がなくなっていきます。否定した自分を受け入れるほど、自分らしくいられるようになり力も抜け仕事のパフォーマンスは上がり、人間関係も自然とうまくいくようになっていきました。

弱さを受け入れる強さこそ本当の強さなのかもしれません。

□つい言い訳してしまう癖を直すコツ

僕は自分への言い訳が上手でした。決め台詞は「今回は調子が悪かったからしょうがない……」（笑）。ある日、仕事で大勢の人の前でプレゼンしたときのことです。練習ではうまくいっていたのですが、本番で大失敗。出だしの説明がまとまらず慌ててしまい、集中力も切れて散々なプレゼンになってしまいました。そのとき一緒についてきてくれた方に「今日は調子が悪かったんです」と思わず言い訳をしました。

するとその方から思わぬ答えが返ってきました。

「調子が悪いときの自分は、自分ではないのかな?」。以前合田さんに聞いたことだと思いハッとしました。「君にいいことを教えよう。実は調子がよいときも、悪いときも全部セットで自分だと受け止めることができると成長スピードが何倍もの勢いで加速するよ」。

耳の痛い話だったのですが、実際どうしたら調子がよいときの自分も、悪いときの自分も受け入れることができるかその方に聞きました。すると、こう答えてくださいました。

「君に言い訳をさせる、『言い訳くん』の正体を知ることから始めたらどうだろう?」

「言い訳くん……ですか?」

「うまくいかないことがあると、自分の中にいる、もう一人の自分が活躍する。それが言い訳くんだよ。こいつが、失敗の原因を他人や環境、調子の良し悪しのせいにする。

言い訳くんの言うことには、人それぞれ特徴がある。忙しかったから無理だった、誰がやっても同じ結果になる、と嘘でごまかして君を守ろうとするやつがいたり、あいつがいたからできなかった、あんなことをするあの人が悪い、と他人や環境のせいにするやつが出てきたり、最初からうまくいかないと思っていたんだ！ と自己弁護して君を守るやつがいたりする。ただし、忘れてはいけないことがある。この言い訳くんは、実は君を守ろうとしてくれている優しいやつなんだ。しかし、彼の優しさのせいで、自分の失敗や間違いからその原因を見つけて学ぶのが簡単ではなくなっている。いつまでも彼に頼っていてはいけない。言い訳くんに頼っている限り、成長することは難しい。

これから先、あ、言い訳くんが現われた！ と分かったら、彼にありがとうを言って、本当の君を前に出すんだ。言い訳くんを通さずに事実を見るのは、最初は勇気がいるかもしれない。しかし、それができれば、急激に成長することだってできるよ」

僕は耳をふさぎたいような気持ちでした。現実の自分を直視せずに、簡単にうまくいく方法や楽してうまくいく方法ばかり探していたからです。言い訳くんが出してくれた「調子が悪い」というメガネを通して事実を見ていた僕の目線は、屈折して、本当の成長の元である失敗の原因を見ることができませんでした。

それ以来、言い訳がつい出たら、「ありがとう、大丈夫だよ」と心の中の言い訳くんにつぶやくようにしました。はじめてそんなことを言われた言い訳くんは、驚いていました。言い訳くんがいなくなったクリアな視界で物事を見ると、急にこれまでの自分が恥ずかしくなりました。

最初は、そんな自分を直視することがちょっぴり辛いのですが、慣れるまで何度も繰り返すことで、少しずつ練習していくことで、確実に「調子の悪いときの自分」も見つめることができるようになると思います。

□ 将来への不安に襲われなくなるコツ

前向きに生きていこうと決めても、将来は大丈夫かな？ と不安が胸をよぎります。

不安を解消するために能力やスキルを高めたり、お金を貯めるのですが根底にある不安は消えません。時代が不安定だから仕方がないのかな、僕が心配性なのかな、と思っていました。

あるとき、「不安なことを全部書き出してみるといいよ」と教わりました。そこで、家族のこと、お金のこと、仕事のこと、人間関係のことなど思い当たる限りの不安を書き出しました。

全て書き出して言われたのが「不安に感じることの共通点わかる？ それは全て起きていないこと」ということでした。

本当は何が不安なのか？ 怖いのか？ 無意識にあるものに気づくとその怖さは薄れていくと教わりました。

先日、お金がないことに不安を感じている人がいました。

お金がなくなることで何が起こるのが不安なのか本心を聞いてみると、「お金がなくなったら食べていけない」と、答えました。

「食べていけなくなったら何が起きるのか?」と聞いてみると、「飢え死にして死んでしまう」と、答えました。

続いて「今まで飢え死にした人に会ったことありますか?」と聞きました。

すると、「見たことがない」と答えました。

ここまで話すとその方は、自分はお金がないことが不安なのではなく、「死んでしまう」ことが不安だったことに気づかれました。

頭ではお金がないことが不安という表面的な部分しか認識できませんが、人の不安や恐れの根底には死んでしまうことへの恐れがあります。

そして大抵の場合、何が起きそうで不安なのか、死に至るまでのストーリーを聞くと、子どもでも描かないような、論理が破綻し飛躍した構成になっています。

不安がなんなのか理解せずただ不安から逃れようと努力しても、強がって不安でない振りをしても、見て見ぬ振りをしても、不安はなくなるどころか大きくなります。

自分の内側にある不安や恐れとはそもそもなんなのか？　それはどんな働きや動きをするのか？　そして、どう扱えばいいのか知っていくことが大切です。

そして、何が起きたとしても自分はこの体や心を使い、外の現実と向き合うことができるという自己信頼によって不安は消えていくことを知りました。

□気分に左右されずに物事を成し遂げるコツ

よーし！　○○をやるぞー！　と、テンションを上げてやる気になるものの……。しばらくすると、熱が冷めてやめてしまった。あれほどやる気になったのになぜ続かないんだろう？　僕には続ける才能や根性がないのかもしれない。やる気になっても続かない自分に対して、自信を失っていきました。それでも諦めきれず、またテンションを上げて何かを始めるが続かない。僕の気持ちはいつも上がったり下がったりを繰り返していました。

今度こそはとやる気になるのに、続かない僕はダメな人間なんだろうか？　そう思い込み諦めかけていたとき、気持ちの上がり下がりに悩まされず確実に自分を成長させていくコツを、いつも明るく成長し続けている友人に教えてもらいました。

気持ちの上がり下がりに悩まされず確実に成長していくコツ。それは、平常心を保てるように気を付けること。

周りの人を見ると、やるぞー！　と、決意したのに続かずに悩んでいる人がたくさんいます。その人たちの多くは、同じような原因で続かないのです。それは、「やるぞー！」と、テンションを上げて始めているということ。単純な話だけど、テンションを上げて始めたものは、テンションが下がるとともに続かなくなる。言われてみれば当たり前のことだけど、それに気づかない。下がったテンションを上げよう、上げようとしている。気持ちは常に変化していて一定を保つことはそもそも不可能なのです。

「やってやるぞー！ と気持ちを高めて始めたことは簡単に足をすくわれるから、私は注意しているよ。始めるときは普通がいい。気負ったらだめ。平常心で始め、平常心で目の前のことに打ち込み、そのことを体に染み込ませるんだ。そうすれば、気持ちに左右されずに自分を高めていくことができる。それが崩れない自信になっていくんだと思うよ」

——彼女がとてもカッコよく見えました。

言われてみれば当たり前すぎる罠に陥っていました。本心ではやりたくないことを、やらなければいけないと思い、無理にテンションを上げ、気合と根性で始めても、次第に気持ちが落ち込み、辛くなりやめてしまうのは当たり前です。それならば、テンションが下がらないやりたいことをやればいいのか……と思い直し、やりたいことだけをやろうとする。すると、今度は目の前のやらなければいけないことが、さらに嫌なことに変わっていき、山積みになって残り、現実を生きづらくしてしまうのです。

平常心で取り組むにはどうしたらいいのか？

その1。心が動かないことは最初から引き受けない。

勇気がいる選択ですが、自分の心に嘘をついてまでやらなければいけないことはなくなります。それだけでなく心が求める方向に進むことができます。

その2。何のために行なっているか？　自分の心の声を聞く。

嫌だと思いながらもやるのはなぜか？　安心のため？　大事な人のため？　本当に大切にしたいことは何なのかに気づくと、好き嫌いで捉えていた「やらなければいけないこと」が意味や価値あるものに見えてきます。

□ブレない自分を作るコツ

誰かに自分の言動を否定されたり、大きな失敗をするたび、心は凹《へこ》み、自信は崩れ、ときには完全に心が折れていました。いろんな人のアドバイスに飛びつき、ブレては失敗してばかり。

きっと心が弱いからだ。どんなときでもブレない人になりたい。ブレない芯を自分の中心に作りたい、絶対に折れない強い芯を作りたい、そのために心を鍛えよう、と思っていました。

ブレてばかりいた僕でも、1章で書いたような辛いことやさまざまな失敗を乗り越えていくうちに、少しずつ自分の中に自信のようなものが芽生えはじめました。物事の見方が変わり、視界が少し広がり、自分の中に「これが芯なのかな?」というものができ始めているように思いました。心が強くなったように感じました。しかし、昔よりはブレにくくなったものの、時折ある大きな失敗や身近な人からのキツイ一言で、また大きくブレている自分がいました。このまま強い心を作っていってもブレない芯が作れるのか分からなくなりました。

そこで、ブレない芯の作り方をおじいちゃん師匠に聞いてみました。その答えを聞いて、今まで思っていた自分の芯の作り方が根本から間違っていたことを知りました。

ブレない自分の作り方。それは、「自分を持たないこと」。

ブレない心は自分をなくすことでのみ、作られる。

「本当の自分とは、その時々、相手から見た自分でしかない。そのとき、自分の想像する自分なんてものがいたら、必ずずれが生じる。だから、自分があると常にブレが生じてしまう。

事実をありのままに見て、『自分はこうでなければならない』という勝手な理想像を持たないことだよ。しかし、多くの人は誤解しているから、理想の自分像を判断基準に照らして『ブレている』なんて言ってしまうんだね。人の意見と、それを自分が受け入れるのとは別のお話。『ああ、あなたはそう思うんですね』と自分を持たない人はブレないんだね」

おじいちゃん師匠はそう教えてくださいました。

100人いれば、僕への印象は100通りあり、その100通りの見方で形作られたものが自分であり、それを自覚し、受け入れる必要があると思い込んでいました。僕は、それを受け入れてもブレないように、強い自分を作りあげようとしていました。それはまるで、絶対に壊れないものを作ろうと硬いコンクリートで建物を建てるような感じでした。しかし、人が絶対に大丈夫と考えたものでも、想定外の事態があればもろくも崩れ去ることを僕らは知っています。こうでなければいけないという強い自分像を作ろうとしている限り、心はブレてしまうことが分かりました。

実際、この話を教えてくれた師匠と接していると、自分というものがないように感じます。でもそれは、「流されやすい」ことや「がまんをしている」ことは本質的に違います。自分がなければ、相手を否定することもない。相手を撥《は》ね除ける強さではなく、ただ時間の流れの中にある事実の中のひとつになること。

極端な話ですが、こうでありたいと理想を描き、強い自分をいくら作っても、死ぬ直前に、生涯を共にした妻に「あなたは最低な人でした」と言われたら心はきっと折れると思うのです。事業で大成功したとしても、世界一の事業家と言われる人に自分の事業を完全否定されたら動揺するでしょう。自分があるうちは、いくら強い芯を作ってもそれ以上の力が加われば折れてしまうのです。じゃあ、柳のようにしなやかな芯であればいいのかというと、やっぱりしなる限界を超えれば折れるんです。

自分を持たないというのは、ただ「自分がなくて、いろんなものに翻弄される」という意味ではありません。相手が思う自分がそこにあるという事実があるだけ。誰かに何かを言われて傷つくのは、理想の自分を崩されたくないためで、その内容が良いも悪いも関係なく、本当であれ嘘であれ、自分がなければ自分の心がブレることもない。自分ではなんともならない相手の思いを塗り替えようとする限り、人の心はブレ続けてしまう。

ブレない心とはこだわりがない心になること。自分をなくすには、自分は自分であっていいという絶対の自己信頼が必要なのだと感じました。

□自分や他人の本性とうまく付き合うコツ

「いい人だと思っていたのに、なんで……?」

いざというとき、人の本性が見える。まるで別人かと思ってしまうほどに豹変《ひょうへん》する人もいますよね。それは、他人だけではありません。

（まさか、自分がこんなことを言うなんて……）

追い詰められた局面で、自分とは思えない意外な自分が急に現われる。自分も含め、なぜ人は追い詰められると豹変してしまうことがあるのだろう？　本当の自分の姿はどちらなんだろう？　ずっと不思議に思っていました。いくら自分で考えても分からないので、思い切っておじいちゃん師匠に聞いてみました。すると、それまで想像もしていなかった、自分でも制御できないもう一人の自分の正体を教えてくださいました。

本当の自分の正体。それは、心の奥底に眠っている「第七感」の自分。

「人間には五感（視覚、聴覚、味覚、嗅覚、触覚）がある。それらを感じる第六番目の意識が『心』だ。直感や予知、虫の知らせ、インスピレーションが働き物事の本質を感じられる場所でもある。直感のことをよく『第六感』と言ったりするよね。ここまではよく知られている。しかし、実はその先があるんだ。君が知りたいと言った人間の本性はその先に眠っている。それが『第七感』だ。

五感や六感の先には、自分では制御できない深層の自分がいる。七感目にあたるのは『自己中心的な自分の我』だ。いざというときはここが表面に現われ、六感までの自分は支配されてしまう。追い詰められたときや、自分の利益が損なわれそうになったときに初めて自分を守ろうとしてその感覚は現われる。これが君が知りたがっていた、いざというときにでてくる意識のひとつなんだね。

例えば、遺産相続。それまで仲が良かった兄妹《きょうだい》が骨肉の争いを始めることがある。今まで自分でも感じることがなかった抑えきれない怒りや得したいという心が湧《わ》き上がってくる。潜在意識の奥のほうからもう一人の自分が突然出てきて顕在意識の自分はそれをコントロールしきれない。

人には表の顔と裏の顔がある。そして、いざというときは必ず裏の顔がさらけ出される。自分では制御することができない心の深層に、自分が知らない自分が隠れているんだね。それが人間の暗闇の部分なんだね」

師匠は続けて、この本性が何からできているか話してくれました。

「過去にとった自分の言動や感じた思いは、すべてある部分に貯蔵されている。

それが第八感にあたる場所だ。八感目には、自分の過去の思いや言動のすべてが溜められている。それらによって、七感目の『自己中心的な自分の我』がつくられているんだ。七番目の深層の自分は自分でも実態を摑めない、制御しようのないもの。それはたいがいドロドロしたものなんだ。普段見ることができない、そのドロドロとした自己中心的な自分の正体には、自分でも気づいていない人が多い。

これをキレイなものにしていくには生きながらにして一度死ぬ覚悟がいるね」

そう、師匠は教えてくださいました。

想像すらしなかった答えでしたが、なぜか気持ちがすっきりしました。

自分は自分に嘘はつけません。自分の心を偽った感情は心の中に抑圧されます。

そして、それに気づかされるように必要な出来事が起きます。

以前は感情に良い悪いがあると思っていましたが、感情とは何かを知ったことで（感情についてはP131～に詳しく書いています）、自分の心の中で闇となっていた感情と向き合えるようになりました。

自分の中にあった闇に光をあてることで自分の内側の構造やその働きを知り、人間の内側には悪いものはひとつもなく、自分や人の心の奥底には愛しかないことに確信が持てるようになりました。

□愚痴を言わない前向きな人になってしまうコツ

頑張ってる人に会いにいくと、みんな気持ちが前向きなんですよね。でも、この人たちはみんな生まれつき前向きなのかといったら、実はそういう人たちばかりじゃないんです。

僕の友人に杉山くんという人がいます。二人で話をしているときに、僕が何気なく「続けてることとって何がある?」と聞いたら、面白い話を聞かせてくれました。「俺は7歳のときから、朝起きたときと寝るときに天井を見て、『僕はできる』と言ってる」と。変わったやつだな、と思いました（笑）。

もともと杉山くんはいい意味で変わった人でした。どのくらい変わった人かというと、例えば経営していた美容院の3店舗目をオープンしようというときに、いきなり前の2店舗で同時に店長さんが辞めてしまったんです。そんなお店をやっていけるかどうかの瀬戸際のときも、彼はそれを楽しんでるんですよ。それまでの2店舗を同時に閉鎖して、一つのお店にみんな集めて、そのお店の店長を選ぶゲームを始めちゃったんですよね。でもそのゲームで美容師さんたちはものすごく成長して、1カ月後、閉鎖した店に彼らが戻って行ったときは、前のお店の売上を数カ月で超えてしまったそうです。それから、新しくお店を出したときに、だまされてお金を持ち逃げされてしまったんですね。900万円くらい。そのときも、ちょっと海外行って考えてくるわって、ニューヨークに行ってしまったんです。それでいろんなアイデアを持ち帰ってきました。世界は凄い！って、もっと元気になって帰ってきちゃうんですよね。なんだこの人は？と思って。

僕は彼と高校2年生のときから22年間、ずっと友達なのですが、杉山くんの口からは今まで一回も愚痴、悪口、弱音を聞いたことがないんです。あまりにも強いので、僕は完全に何かを超越した人だと思いました（笑）。

「なんで7歳からそんなことやってるの？」と聞いたら、始めたきっかけを教えてくれました。杉山くんは、7歳のときにそろばん教室に通っていたそうです。そのそろばん教室にいた先生が、とても素敵な人だったそうなのですが、その先生には片腕がありませんでした。でも、そろばんの大会で全国2位になったりと、ものすごく活躍していました。学校の授業は面白くないけど、その先生の授業は面白くて、朝顔の色の変え方や、自然についてとか、そろばん以外のこともたくさん教えてくれたそうです。算数の勉強も、車が移動するごとに近くの車のナンバーを足し算していくゲームとか、いろんな楽しいことを教えてくれたんだ、と言うのです。

先生が大好きだった杉山くんは、「僕も先生みたいな大人になりたい。大人になっても、片腕でも、いつも楽しそうにしてる先生みたいな大人になりたい」と言ったそうです。そうしたら、先生はこう言いました。

「それなら、朝起きたときと寝るとき、天井を見て『僕はできる』って言いなさい。そしたら必ずなれるから」

それを聞いた杉山くんは、33年間、朝起きたときと寝るときに、僕はできる、と言い続けてきました。彼はそれを徐々に自分なりに進化させていきました。僕と出会った17歳のときには、彼は今抱えている問題を全部目の前にイメージして、「僕はできる」と朝夕の2回、さらに鏡の前に立ったときにも必ず言っていたそうです。彼は18歳で美容師になったので、鏡の前に立つ回数は、一日何十回、何百回あったと思うんですが、そのたびに僕はできると言い続けてきたらしいのです。

彼がどんなときでも前向きでいるせいで、僕がどんなに大変なときでも、彼といると元気になってしまうんですよね。それって凄いことだと思います。

そして、そもそも杉山くんの元気は、僕の会ったことのないそろばん教室の先生の前向きな気持ちが移ったものです。もしかしたら、僕も杉山くんにもらった元気を、違う誰かに届けているのかもしれない。

自分自身が元気になる、前向きになれるということは、もしかしたら先生のように、時間を超えて、世代を超えて、会っていない人までも元気にできる魔法なのかもしれませんね。


この杉山くんのような心の持ち方は、人にはものすごく大切です。人の行動の結果は、その人の思った通りになるから。「なんとなくうまくいくだろう」という人はなんとなくうまくいくし、「きっとダメだ」、という人はダメになる。「えっ、それ本当？　やってみる！　でも……」と言ってる人は、「でも……」に続く内容のほうが叶っている。深層心理で思っていることが現実になると教えてもらったんですね。自分では分からなくても、周りの人を見ていると、本当にその通りだと思います。

〝ない〟方を見るのは、結局、その瞬間は楽なんです。「できない」と言えばそれですみますし。できないと言ったら、乗り越えないですむんですね。難しいことだから仕方がないな、と思えば、自分のプライドも守れます。居酒屋で上司の愚痴を言っているサラリーマンは、愚痴仲間がどんどん増えていくんですよね。やっぱり無理だよね。それ無理だよね、あの上司嫌いだよね、そうだよね、こうだよね……って。不満を言う仲間がどんどん増えていくんです。

ところが、〝ある〟を見るのは大変です。愚痴や不満は本当はこうなりたいけれど、できないと思ったとき出てくるもの。「できる」と言ってしまったら、難しい、もうできないと何度も思うことでも、自分で責任を持ち、やらなければいけなくなります。周りからは変人扱いされます。杉山くんみたいに（笑）。愚痴を言う多くの人は分かってくれないので、一人でも進むしかないことも多々あります。それでできたら初めて、「お前は凄いよ」と言われるんですが、そうなるまで、最後の最後までは、誰からも共感を得られません。だから〝ある〟を見るってすごく難しいんです。それでも〝ある〟を見ている人たちは「人生は自分の思った通りになる」と分かっているから、やめないんだと思います。現実を作っているのは自分。心の奥底で思うことが望む人生になっていくのだと思います。

〝ある〟を見るのはものすごく大切です。みんなそれは分かっているから、「プラス思考になりたいな〜」と願うんですが、よく「プラス思考」を勘違いしている人を見かけます。プラス思考というのは、物事の良い面だけを見る人のことだ、と。もちろんそうなんですが、いいことも悪いことも分かったうえで、プラスのほうを見ると「決めた」人が、本当のプラス思考なんじゃないかなと思います。

この世は相対の世界ですから、何事にも二面性——陰と陽があります。いいことがあれば悪いことがあります。知人に〝ある〟を見る方法を教えてもらったのですが、例えば、小学校のときにいじめられていたとします。それは嫌なことかもしれない。マイナス思考の人というのは、このとき単純にマイナスのほうだけを見ます。親のせいだとか。自分はだめなんだとか。でも、もしかしたらそのことによって孤独の辛さや人の痛みが分かる人になれたかもしれない。人の大切さに気づく人になるかもしれない。プラス思考の人は、そういう良い面を見て、マイナスの面も見て、「よし、私は人の痛みが分かる人になる経験ができた」と、その出来事からギフトをもらうことができる。これが本当の意味で「前向きに生きる」ということ。物事の良い面と悪い面を両方見て、自分でよいほうを見ると決めている人が、本当の意味で「前向きに生きる」人だと教えていただきました。

□感情と仲良くなるコツ

1——なぜ心は痛むの？（不快な感情が存在する理由）

心の痛みや苦しみを減らす方法は巷《ちまた》に溢れていますが、なぜ不快な感情が存在するのか教わる機会はありませんでした。

そのため長い間、〝不快な感情〟は良くないもので、その感情がなくなれば自分は幸せになれると僕は信じ、不快な感情を消すために様々な努力を続けました。実は、この不快な感情をなくす努力こそが、次の苦しみを生む原因でした。

それに対する答えを由佐美加子さんが教えてくれました。

「心の痛みはどこで起きているか分かる？　その感覚は体の中で起きている。なぜ痛みや不快な感覚が体の内に存在するのか？　痛みがなければこの世界はどうなるか？　人はそのことについて考えてこなかった。だから痛みや不快は悪いものとして切り離そうとしてきた。本来、心の痛みや不快な感情は体が〝本当の姿でないものがあるからそれを違う形で創造してください〟というお知らせを思考に届けてくれるもの。

つまり、今のままではいけないという体が発するシグナルを、頭（思考）が受け取ることができれば、〝今、何をすればいいか〟という〝知恵〟が湧いてくる。そして、湧いてきた知恵をもとに体を動かし、実行することで現実を作り替えることができる。痛みや不快な感情が存在する理由が理解できれば、人は痛みを消すために翻弄されなくなる」

と教えてもらいました。

本来、頭（思考）、心（感情）、体はお互い支え合うシステムとして成り立っています。不快な感情や感覚は不必要なものでも、消すべきものでもなく、〝今の状態が本来あるべきものと違うこと〟や〝本当はどうなりたいか〟を、体に教えてくれるもの。不快な感覚を良い悪いを問わず受け取れる自分になったとき、頭は知恵を働かせ〝どうすればいいか（ハウ）〟が分かるようになります。

耳で匂いを嗅がないように、目で音を聞かないように、「どうすればいいか」は頭で考え、「どういうふうにしたいのか」は体が教えてくれる。目の前の問題解決や目標達成に悪戦苦闘する前に、自分についてもう少し知る必要があるのかもしれません。

2——喜びより失敗の方が気になるのはなぜだろう？

楽しいことにだけ目を向ければいいと言われても、実際、悲しみ、怒り、心配に意識が向いてしまう。なぜそういったマイナスなものにばかり目を向けてしまうのかを教えていただきました。

「人は快より不快な感覚に圧倒的に意識を向けやすく、持っていかれやすい。不快の方が気になるのは、それが大事なものであり、大事なことが起きているから。嬉しい、楽しいなど快の感覚だと意識を向けてもすぐに流されてしまう。不快は不必要なものでも、悪いものでもなく体が〝今の状態が本来あるべきものと違うこと〟と〝本当はどうなりたいか〟を教えてくれるもの。不満は現実を作り替えることができる人に与えられ、現実を作り替えることができない人には現われない。

しかし、痛みや不快な感覚が自分の内側に現われたとき、それを不必要なものとして否定し続けると、避けられない問題が現実に起きる。

例えば、ストレスを買い物で一時的にごまかす。美味しいものをいっぱい食べることでごまかす。その瞬間は不快感を忘れられた気になるが、体は違う形でまたメッセージを伝えようとする。それでも受け取らなければ、体は大切なことに気づいてくれるまでシグナルをエスカレートさせながら何度も送ってくれる。それでも聞き入れてもらえないと、最後は病気になるなど、現実を見るしかない、ごまかせない状況が起きてしまう」

ということでした。

僕は長い間、痛みや不快な感情は良くないものだと思い込んでいたので、不快な感情を体からのメッセージとして受け取ることが最初はとても恐ろしく感じました。

しかし、痛みや不快な感覚が存在する意味を学ぶにつれ、子どもの頃、得体の知れないお化け屋敷が怖かったけれど、大人になりそのカラクリを知れば怖くなくなったように、不快な感情が現われたとき、〝この不快感は自分に何を教えてくれているのか？〟とそれをただ感じる時間を持てるようになっていきました。

そのことですべての不快な感情は自分を助ける、優しい意識ということに少しずつ気づくようになりました。

3――〝考える〟先に〝感じる〟がなければ何も始まらない

感じることの大切さを教わりました。

「感情は、自分にとって必要なことを教えてくれるだけでなく、体を熱くしたり、胃に穴を開けるほどの力があるエネルギー。つまり、感情は必要なことを教えてくれるだけでなく、体、生命を動かすエネルギーでもある。

ところが現代社会では、不快な感情を感じる人は未熟という思い込みがある人が多い。ポジティブな感情が良く、ネガティブは悪いという状態では両方のエネルギーが使えない。

例えば、感情の中でも特に力があるのが〝怒り〟。あって欲しいものが目の前にないように感じるのが怒り。〝こうあって欲しい〟に着目すれば〝情熱〟になり、〝ない〟と思えば〝怒り〟になる。つまり、怒りには現実を再創造する力があるということ。

現代は理性的に考えることが大切と信じられる世界になっている。思考で判断する良い・悪い、正しい・間違いという二元論で判断する世界では、不快を感じる怒りの感情は良くないもの、感じてはいけないものと扱われるため、本来の役割も力も発揮することができない。

いくら頭が賢くなっても、人は感じないと生きられない。感じる感覚を閉ざしてしまうと、何をしたらよいのかメッセージがこないだけでなく、力も失い自分の人生を作り直すこともできない。感じる部分にアクセスすることで人は本来の力を発揮することができる」

と教わったことで、僕の中で不快な感情への捉え方は大きく変わりました。

①変化が必要なことを不快なシグナルとして体が感知（どうなりたいか）
②それを感情・エネルギーとして頭（思考）に伝達
③頭はそれを元にどうしたらいいか〝知恵〟を働かせる（どうしたらいいか）
④体を使い、それを実現していく

不快を快にしようと反射的に動くのではなく、不快を〝感じる〟ことで、何をしたらいいかも、どうすればいいかも分かり、同時にそれを成し遂げる力も与えられる。

つまり、どんなことが起きても自分の中にあるもので現実を望む形に作り直すことができる、という本当の意味での生きる自信、希望が生まれました。

ま・と・め

【自分を知る】

□できない自分を認めるには？　↓嫌な部分を直そうとせず、いったん受け入れて注意する

□言い訳をやめるには？　↓「言い訳くん」より前に出る

□将来への不安に襲われないためには？　↓自分との約束を守る

□気分に左右されずに行動するには？　↓平常心の自分を高める

□ブレない自分を作るには？　↓自分を持たない

□人の本性とうまく付き合うには？　↓第七感や八感の存在を知る

□前向きな人になるには？　↓朝晩「俺はできる」と言う

□感情と上手に付き合うには？　↓感情の特性を知る

第6章

【理想（目標）を知る】生まれてきた意味を知るコツ

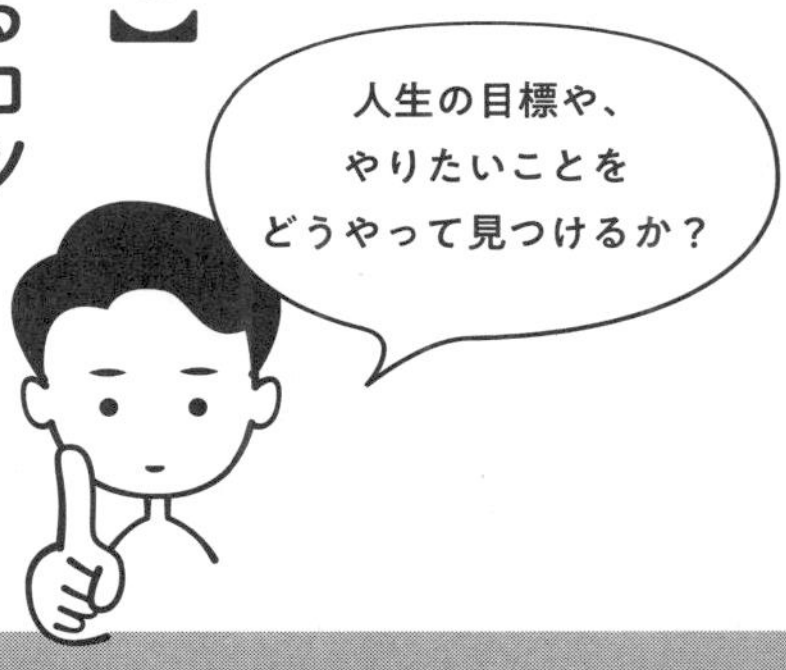
人生の目標や、
やりたいことを
どうやって見つけるか？

□自分を変えようとしても、努力が続かない人のためのコツ

僕は、なんとなく生きてきて、今日もなんとなく生きて、そして未来に向かって歩かされていく人生を送っていました。

ハーバード大学の卒業生を40年間追った研究では、大学卒業後、自分に目標を設定して生きていた人が、全体の6％いたそうです。この6％の人は、何もしなかった94％の人よりも、はるかにいろいろな分野でうまくいっていたことが分かっています。しかも、ビジネスで成功してただお金持ちになったとか、そういうことではなくて、例えば人間関係に恵まれていたり、家族に恵まれていたり、健康や若々しいスタイルを保っていたり、自分の望む休暇とか生活スタイルを手に入れていたり、精神的な豊かさを手に入れていたということなんですね。こんなふうに、「目標を立てる」ということは、自分を成長させるために必要です。

でも、あなたが、前に進もう！　と決意して目標を立てるとき、情熱が続か

ず、途中で諦《あきら》めてしまうことってないですか。僕はいつもそうだったので、「自分は意志が弱いのかな？」と、自信を失っていました。

悩んでいた僕に、ある方が「目標の立て方にはコツがある」と、教えてくださいました。

僕はそれまで、「会話がうまく続かないな。よし、僕も教養を身につけるために毎日1時間本を読もう」とか、「車が欲しいからお金をためよう」とか、そういう「自分に欠けたものを探し、手に入れる」ことを目標にしていました。しかし、このようなやり方をすると空回りするというのです。

どういうことかと言うと、目標というのは今あるものに感謝してから立てないと、心が疲れてしまうからなのです。

世間では、強い欲望があると、満たされない状態を満たすために強いエネルギーが生まれて、一層頑張れるように思われています。しかし、「意志」と「欲望」は本質的に違うものなので、今を否定して、ないものを得ようと願えば願うほど、現在への不満を一層強く感じてしまいます。

例えば、ダイエット。「みっともない体型をなんとかしたいからダイエットするぞ！」と言って始めると、だいたい失敗するんですよね。なぜかというと、「痩せた理想の自分」を目指しながら、毎朝、毎昼、毎晩、自分のぽってりと出たお腹を見るたびに、自分がどんどん嫌になり、知らぬ間に自分を否定し続けることになってしまうからです。同じ体重を落とすでも、ボクサーがチャンピオンを目指してウエイトを絞るときは、不満ではなく向上心を持った「意志」によるのでしょう。

世の中は「もっともっと病」にかかっています。もっと自由に、もっと美しく、もっと大きな夢をもって、もっと成功しなければならない――という言葉に惑わされて、「今の自分には何もない、もっと良くならなきゃいけないんだ」と、今の自分をどんどん否定してしまう。

「今家があって、着るものがあって、ご飯が食べられて幸せだから、この幸せを大切にしよう、こうすればこの幸せをもっと大切にすることができるだろう、という今への感謝をしたうえで目標を立てなさい」と教えていただきました。

またその方は、こうも言ってくださいました。
「諦める理由を、人や物のせいにしないことが大切だよ」
「もうこんな年だからダメだな」というのは若かったらできる、という言い訳です。ほかの誰かや何かのせいにした理由をつけて諦めていました。その瞬間に、人は思考がストップしてしまいます。もう今の自分を変えなくてもすんでしまう状況に、無意識に自分を逃がしているんです。

前に進める人というのは、自分はこうしたいという、自分の心が望む未来を描き進むことができる。ところが、大半の人は過去のことにとらわれ、他人や環境のせいにしてしまう。僕もそうでした。今何もしないで、理想ばかりの妄想とか、努力もせずに遠くて大きな目標ばかりを見ていたら今に力が入らなくなって疲れてしまう。自分は今、何が大切で本当はどうなりたいか、心が望むものに意識を向けると力が湧いてくるんですよね。

今あるものに目を向け、何も否定しないこと。何かを否定する自分すら受け入れる。そして、誰かのせいにしないこと。心が望む目標に気づき、小さな一歩を踏み出すことで、道は拓《ひら》けてくると思います。

□自分の中に眠る才能を知るコツ

とても内気で恥ずかしがり屋な性格で、学生時代は女の子と付き合うどころか、女の子と二人で話したこともなく、大学のサークルも周囲の明るさに馴染めずに3日で辞めた。湖のほとりで一人、そんな自分が嫌で泣いていたこともある。僕の知人にそんな男性がいました。

卒業し、ついた仕事はなんと営業マン。おかげで明るい人になれた……どころか、人と話すのが大の苦手な性格は変わらず、おまけにひどい赤面症。もちろん、成績はボロボロ。商品の説明を取引先でしている途中で、担当者が寝てしまったこともあったそうです。

そのとき、彼は誓いました。

明るい人になりたい。

そこで、気持ちが明るくなれる本をたくさん読み、明るい人になれる方法を学び、試しました。しかし、学んだことを人に明るく話すのは、どうしても無理……。ならば書こう！ そこで、明るくなる言葉を探してブログを書き始めました。もともと文章を書くのが得意だったわけではなかったそうです。けど、毎日コツコツと文章を練習していると、次第に明るい文章が書けるようになっていきました。「売れるための言葉が載っているにちがいない」と、通販カタログを買って、片っ端から書き写して学んだりもしたそうです。

そして、磨き上げた言葉の載ったチラシを作って、過去に会ったお客さんに商品の特徴を書いてＦＡＸしました。すると、それを読んで商品を売ってほしいというお客さんが現われました。その方は、なんと以前商品説明中に寝てしまったお客さんだったのです。

その後、彼はめきめきと文章の腕を上げていき、人前では話せないままなのに、ナンバーワン営業マンになってしまいました。そして、ブログを6年続けたのち、なんと本を出版することに。彼は今までに40冊の本を出版し、ベストセラー作家と呼ばれるまでになりました。

――この方が、僕に才能の見つけ方を教えてくれた、ひすいこたろうさんです。

もう一人、こんな人がいます。その人は中学校の欠席日数は300日、成績は下から数えたほうが早い。社会にでてからも、失敗ばかり。そのうえ忘れっぽく同じ失敗を何度もする。自分でうまくいくきっかけを掴むのが苦手で、それならば！　と、ノートを常に持ち歩く。自分でうまくいく方法を発見できないので、できている人に聞きに行くことにした。それをメルマガに書き、もうすぐ4000回になります。

……と、みなさんもうお察しの通り、この人は僕です。

「タクちゃん、1000回やるとね、生まれ変わるよ。やることはなんでもいいんだけど、心を込めて1000回やると新しい自分に出会えるよ」と勧めてくださったのはひすいさんです。ひすいさんの言葉を聞いて、その場で、配信のやり方も知らないまま、メールマガジンを1000日書くことを決めました。もくもくと１０００回、昨日より良いものを書こうと思い、心を込めて書き続けました。そして、１０００回を迎えたとき、ひすいさんが僕に言いました。「タクちゃん、そろそろため込むだけでなく、水を流すように流していったほうがいいよ」と。

そのあたりから不思議と講演依頼をいただくようになり、小さなコツの話を人に向けて話すようになり、５年前、この本を出版。今回は文庫本として書き直させていただいています。メルマガを書き始める前は想像もしなかったことです。

ひすいさんが僕に教えてくれた才能の隠れ場所。それは、それまでの僕の常識では絶対に見つからないところでした。

そう、「コンプレックスだと感じたものの中」です。

大活躍中のひすいさんは、もともと明るく、文章の才能があった方なのかと思っていました。けど、どちらもまったく違ったんです。

不快に感じることから、自分は何を望んでいるか気づき、進むことで才能を開花させる人もいます。しかし、自分の欠点ばかり目につき、自分の才能が何なのか分からない人もいるでしょう。でも、その奥にあるものをよく見てください。欠点やコンプレックスと思っているものの中にあなたが本当に大切にしたいものがあります。

人と明るく話せないのなら、無理に明るく話さなくてもいい。

私は人との〝つながり〟や〝明るさ〟を大切にしたいんだと気づくこと。

そして、どうしたらそれを大切にできるかを探していく。

コンプレックスはそれを解消するためにあるのではなく、本当は何が大切なのかに気づくためにありました。

自分の望むことを叶える方法は一つではありません。何通りもあります。

僕は、課題だと思っていることの中に、自分の大切なことが隠れていることを知り、コンプレックスの捉え方が大きく変わりました。

コンプレックスを持つ自分を否定し、それを解消しようとする生き方を今もまだしていたら、何をしたいのか？　何が大切なのかがわからず、自分の欠点を補うための苦しい努力をしていたかもしれません。

人はそのままの自分を受け入れ認めたとき、本当の力を発揮できるようになります。コンプレックスの中にある本当に大切なものを見つけ、結果にとらわれず、その気持ちを大切にして歩んでいく。そんなあなたの前向きな生き方は、同じようなコンプレックスを抱えている人の希望になるはずです。

□ 生まれてきた意味を見つけるコツ

なぜ僕は生まれてきたんだろう。なぜ僕は僕なんだろう。きっと生きる使命や、壮大なテーマがあるんだ！　子どものころから、そんなふうに考えてきました。

30歳を超えてもその答えは見つかりませんでした。人生の大先輩であるおじいちゃん師匠に出会ったとき、僕はこの疑問を師匠にぶつけてみました。

「人には使命がありますか？」

「あるよ」

「おお！　やっぱりあるんですか」

「そう。人は一人ひとり違う使命を持って生まれてきている。だから、一人ひとりの顔や性別、生まれる国、環境など、一人として同じ人はいないだろう」

僕はわくわくしていました。

「どうしたら自分の使命を知ることができますか？」

「そんなのは簡単。皆、自分の使命は目の前にすでにあるんだね。そのことに気づいてない」

「えっ！」

「過去に自分のやり残したことが、問題として目の前に現われてくる。その問題を良心に従い行動し、体験するために生まれてきた。ただそれだけ」

使命とは散々探して見つかるものだと思っていたので、あまりに簡単な答えに驚きました。

そのときは、手帳にメモを取ったものの、うまく理解できずそのままになっていました。

それから数年、20代の終わりに大きな挫折《ざせつ》をして、半年間一度も笑えない辛い状態が続いて以来、昔よりずっと何のために生まれてきたのか知りたくなったんですが、なぜですかね、と師匠に聞くと、こんな答えが返ってきました。

「苦労したことに意味があるんだ。何のために生まれてきたのか、自分が何者か知るために挫折があるんだね。

前に、使命は目の前にあると言ったよね。覚えている？

人は生きていく中で挫折したり、行き詰まってはじめて、真剣に人生について考えるんだ。人類はそれを何千年も昔から繰り返している。

今は科学が進歩して、生活は飛躍的に良くなった。しかし、人の心は昔と変わらず右往左往しているでしょう。科学や文化は過去の歴史を積み上げていけるけど、人の心は目に見えず、死んでしまえば一代で終わる。自分を知るには、人生は短い。

人生の時間は80年だという。人生の前半では多くの人がこの世における地位や名誉、お金など、目に見えるものを求めてしまう。あるとき、大切なものを失ったり、生死に関わる大きな挫折をしたり、自分が年老いていくことに気づき、人生には終わりがあることを身をもって知る。すると人ははじめて本気で、人生で何が大切なのか考え始める。しかし、例えば40代で人生とは何か、自分は何者か知りたい、と強く思っても、残りの人生はわずか40年。残りの40年という短い時間で、目に見えない『心』というものを理解することは難しい。

だから、人は過去の偉人たちから、人生とは何かを学ぶんだね。でも、それを知っても、実際には聞いて分かった、見て理解したというだけで、生きている間に教えを実践できる人は本当に少ない。

人はなんでも小難しいことを正しいと思いたがるが、本当は人生はシンプルなんだね。人生に良い悪いはない。目の前に現われたことから学び、生きる智慧を学び、それを日々実践して生きていくだけ。それがその人の使命なんだよ」

人は皆、自分を知ってもらおうとして、自分のことを世の中に伝えようとする。しかし、自分が何者であるか、何のために生まれてきたのかすら知らない。

それを知るために挫折がある。自分とつながり、目の前にあることや人と向き合い生きることが、僕の、あなたの使命をまっとうすることなのかもしれません。

□一生の仕事を見つけるコツ

何をやっても続かない、というのは人間にとって普通のことです。メルマガを4000日近く毎日配信しているからか、「どうやったら継続できるようになりますか?」とよく質問されるようになりました。しかし、僕はもともと継続することが苦手な、熱しやすく冷めやすい性格。一つのことが続かない自分を責めていました。あるとき、仕事で出会った取引先の方にこんな言葉を教えていただきました。「三日坊主を続けなさい」。

人には続けられることと、続けられないことがある。いくら頭を説得しても、心が納得しないものは続けられない。だから、続けられることに出会えるまで三日坊主を繰り返しなさい。ひとつのことが続かないことくらいで落ち込まなくてもいい、続けられることを探すのをやめなければそれでいいんだよ。と教えてくれました。三日坊主という言葉があるように、人には「物事をやめる周期」があるということを、公方《くぼう》俊《しゅん》良《りょう》さんがおっしゃっていました。まずは3日。3日やると飽きてくる。次は3カ月（90日）。次は3年、1000日でイヤになってくる。これを乗り越えたら、6年で熟達し、10年でベテランと呼ばれて、次は30年です。30年やったらその道の第一人者になります。だから「三日坊主」でいい、いろんなことに挑戦して、そして何かひとつでも心をこめて30年続けることができたら、それがあなたの成し遂げたことになるんです。

□自分の本当にやりたいことを知るコツ

メールマガジンの「小さなコツ」は、今、4000回を超えようとしています。その間、借金を抱えたり、自殺を考えるほど追いつめられたり、それでも1日も休むことなく配信をしてきました。

それは、僕が尊敬するひすいこたろうさんに「心をこめて1000日続ければ何かが変わる」とアドバイスをいただいて、ご本人に宣言して始めたからとか、いろんな理由があるんですが、そうやって目標を作ってやってきたのは、実は1000回までなんですね。僕が今目標としていた1000回をはるかに超えて、目標がなくてもやれるというのは、実は、もっと他の理由があるんです。

これは、たまたま手に取った本——もう何の本だかも忘れてしまったんですが、そこに「半年後死ぬとしたら」、「1カ月後死ぬとしたら」、「1週間後死ぬとしたら」、そして「明日死ぬとしたらどうしますか？」と書いてありました。普段、本は読んで終わることもありますが、そのとき僕は、そこでまじめに考えてみたんです。

明日死ぬとしたら——というのを、紙の上で24時間分のマスを区切って、リアルに書いてみました。何時から何時で移動して、何時から何時に何をして、ここで電話して、あれをして……って。そんなことを本気で考えてみたら、小さな悩みなんてどうでもよくなりました。

そして、一番大事な、どうしてもやりたいこととして僕から出てきたのは、自分のこれまで書いてきた気づきを綴った小さな手帳——「小さなコツ」の元になったノートを、父母の元《もと》に届けるということでした。そして、僕のことをずっと陰で支えてくれた親父と産んでくれた母に、ありがとうと言って、この世を去ろうと思ったんですね。

「小さなコツ」というのは、僕にとって、そういうものなのです。たとえ明日死んでもやることであり、一方でまた明日死ぬかもしれないからこそ、限りがあるからこそやれていることだとも思います。だから、きっと借金を背負ったその日でも、1円のお金にもならなくても、死ぬことしか考えられなくても、それでも毎日配信できたんだと思います。

□自然と成長するコツ

僕がこのノートを書き始めたときの話をさせてください。

自分探しの旅を終えて、いざ就職をしようというとき、仕事をいろいろ調べていったら、世の中には約3万種類の仕事があるということが分かりました。そして、人生80年と言いますが、計算してみると、人の一生もおよそ3万日です。

人生は3万日、そして世の中には3万種類の仕事。どの仕事をするのが正解かなと一個一個探していたら、たぶんそれだけで一生が終わってしまいますね。

僕ははじめ、実家の家業だった農業を継ぐときに役立つかと思い、青果市場の仲卸で働きはじめました。夜中の2時半に起きてきゅうりやジャガイモ、玉ねぎを売っていたのですが、そのときは朝早く起きる生活や先輩からの言葉が、厳しい辛いと毎日感じていました。もっと幸せになりたい、もっと自分の才能を活かせる場にいきたい、などと夢ばかり見ていました。そのとき出会ったのが、「幸せを夢見ている限りそれは夢で終わる。不幸とまっすぐ向き合う人こそ幸せになれる」という言葉でした。しばらくたってもその言葉が胸に残り続けました。そうか、今不幸だ、大変だと感じる心と向き合って、初めて幸せになれるのか。僕はそれまで夢ばかり追っていたので、よけいに心に響きました。

それで、僕はそのときから日々の出来事や出会いの中から気づいたことを手帳に書き始めました。そんなことをやっていたころ、ちょうど友人である杉山くんが自分の美容院をオープンしたんです。どんどん店舗を拡大し、どんどん増える従業員の悩みまで解決して前に進む彼を見て、僕はものすごく焦りました。自分のことでうだうだ悩んでいる僕とは成長の速度が全然違うじゃないかと思ったんです。

そのとき、僕はそういう人の側《そば》にいようと考えました。彼の家に泊まりに行ったり、髪も伸びてないのに髪を切りに行ったりとか、切るところないじゃないかと言われながら（笑）。とにかく、側にいようとしました。

そういう人のところに行くと、劣等感や、環境に対する違和感を覚えます。でも僕は、この違和感が大切だと思ったんですね。付き合う人を代えて、読む本も替えました。それまで読んでいたのは、漫画だけでした。ところが、最初は理解できず、見たくもないと思った本を意味がわからなくても目を通すようになると、少しずつ、自分の意識が変わり始めました。これは後々になって、なるほど、環境や、自分に入れるものを変えたことがよかったんだなというのが分かるようになりました。

今思うと、自分が違和感を覚える環境に飛び込むことで、成長の第一歩を知らぬ間に踏み出していたわけです。環境を変えるといっても、これは、いきなり転職しろとか、逃げろとか、そういうことではありません。まずは入ってくる情報を変えるとか、休みの日には自分の好きな人や尊敬する人たちの中に入ってみるというのが大切なんじゃないかなと思います。自分で変えることができるのは、環境だけなのですから。

【理想を知る】

□努力が続かないときは？　↓心が求める目標を立て、目的を明確にする
□自分の中に眠る才能を知るには？　↓コンプレックスの中にある自分が大切にしたいことに気づく
□生まれてきた意味を見つけるには？　↓目の前にあることと向き合う
□一生の仕事を見つけるには？　↓三日坊主を続ける
□自分の本当にやりたいことを知るには？　↓明日死ぬとしてもやることを書き出してみる
□自然と成長するには？　↓インプットするものや環境を変える

第7章

【行動する】現実を上手に変える行動のコツ

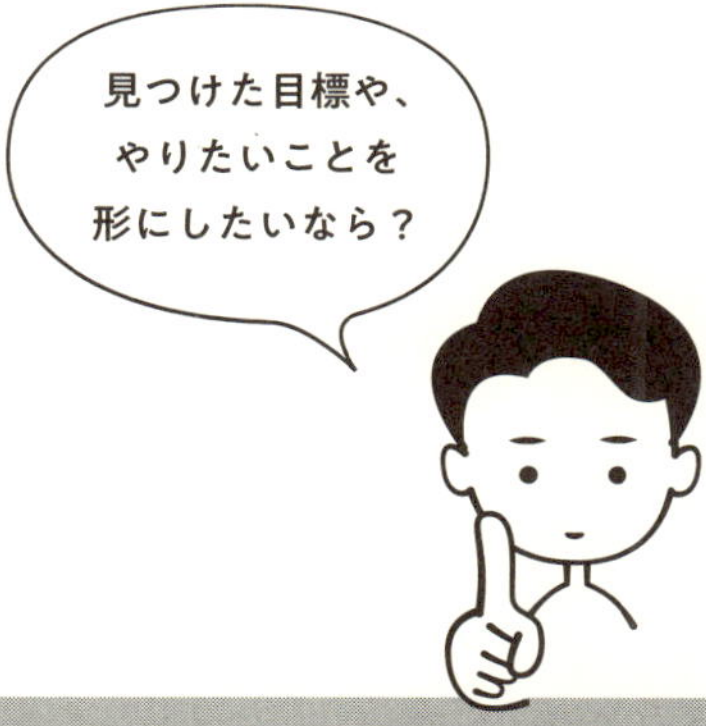
見つけた目標や、
やりたいことを
形にしたいなら？

□あれこれ考えすぎて動けないとき知りたいコツ

「想像力」や「考える力」の使い方を間違えると人は動けなくなります。

僕たち人間には今ないものを想像する力、それを形にするためにどうしたらいいかを考える力が備わっています。

周りにある物を見てください。家、車、道路、机、服など人間が想像したものが形になっています。都会であれば見渡す限り人間が想像したもので埋めつくされていることも珍しくありません。人間は想像したものを形にするという他の動物にはない力を持っています。この「想像力」や「考える力」の使い方を間違えたとき人は動けなくなり、苦しくなります。人間の脳はよく切れる刃物と同じで使い方一つでよく切れる包丁にもなれば、凶器にもなります。

〝喜び〟〝愛〟の感情と、その想像力や考える力を使えば、自分や相手がさらに喜んでいる発想が次々と湧き、それを形にすることができます。

反対に不安や怒り、悲しみの感情から想像力や考える力を使うとその感情をベースにした「脳内ストーリー（妄想）」が次々に展開されていきます。

例えば、Bさんが「会社に行きたくない」と思うと、脳は、「あの上司に会いたくない」→「また文句を言われるに違いない」→「同僚のAさんも嫌い」→「この会社はおかしい」→「給料が安い」→……など連想ゲームのように脳内ストーリーが次々と展開され苦しくなっていきます。

脳内ストーリーはあのとき、あの人にああされた、あの人にこんなことをしてしまったという被害者か加害者になる形で展開されていくことが多く、本人は頭の中で作り出した脳内ストーリーが現実だと思い込みます。そのため、「あいつはこの前こうだったから今回もどうせこうだ！」という自分が描いた脳内ストーリーから相手を見て次の関係が始まり、相手との関係性はさらに悪化し、怒りも増していきます。そして、相手を責め切ると、次は相手を責めた自分を疲れ切るまで責め続けます。

少し話が変わるようですが、僕は海で素潜りするのが好きなのです。海の中にいるとき、頭の中で「あの魚、美味しそうだな〜」などと考えているとすぐに息が切れてしまいます。何も考えずに潜るときの半分も潜れません。脳は体全体の20%〜25%の酸素を使うと言われていて、脳内ストーリーを展開していると体や心は体を動かす以上に疲れてしまいます。

考えすぎて動けなくなっている人に、「何もしてないのに疲れるわけないでしょ！　何をしたらいいか考えなさい」と言う人がいますが、これをすると悪循環が始まります。動けなくなっている人は意識が現実から離れ、脳内ストーリー（妄想）の世界に飲み込まれ、5、6個も同時に色々なことを考えてしまっているのです。

脳内ストーリーから抜け出す方法はシンプル。脳内ストーリーが連鎖していることに〝気づく〟こと。自分は脳内ストーリーに飲み込まれているな、と気づくと止まります。また、その場でジャンプをして体を動かしたり、大きく深呼吸して呼吸に意識を向けるなど身体感覚に意識を向けても脳内ストーリーの暴走は止まります。

スポーツでもあれこれ考え出すとスランプになります。人生が苦しくなる大きな理由のひとつに「脳内ストーリー」の暴走があります。子どもの頃から、考えることは良いことだけ教えられてきたように思いますが、どんな感情を使ってどう考えたらいいか？　自分の内側にあるものを理解し、その扱い方を知ることで、人は内なる喜びを形にすることのできる存在なのかもしれません。

□ 失敗を活かすコツ

失敗したらどうしよう。
間違えたらどうしよう。

そう思って、1回のチャレンジに全部をかけて、挑んでいました。そこで失敗すると、世界が終わったかのように落ち込んで、再度チャレンジすることも諦めていました。

でも、ある日友人にこんなことを言われたんです。

「なあタクちゃん。1回大きな失敗をしてそれを乗り越えた体験って、100冊本を読むより勉強になるよね」

えっ、と思いました。僕は1回うまくいくかいかないかしか考えたことがなかったからです。

人間というのは1回のチャレンジで2回試されていて、本人が気にしているのは、1回目のうまくいくかいかないか。しかし、実際、結果に影響するのは2回目以降で、出た結果を、どう捉え、どう思い、どう行動するか。

考えてみたら、新入社員が入ってきて、最初から最後までうまくいって1回も失敗せずにできたら可愛げもないし、そんなことはあり得ません。それなのに、皆、それと同じことをやろうとしてしまいます。人生というのは、その2回目のほうが大切です。実際に新しいことに挑戦するとき、最初失敗だと思ったことでも、それを克服しようと思っていたら最初に想定していた以上の結果につながったり、新しい展開を見せることがよくありました。

このことが分かると、今までは心の底から信じることができなかった人の言葉の意味が分かるようになってきます。「失敗の中に次がある」のような言葉。この人たちは1回目にうまくいくかいかないかということを言っているのではなく、次にどうするか、どう取り組んでいくかを重視しているのです。例えば、電球を発明したエジソンは、電球のフィラメントの材料を見つけるまでに数えきれない数の失敗をしたそうです。しかし、電球の発明に成功したときの記者会見で「何百回という失敗を繰り返したそうですが、さすがに落ち込んだでしょう」という質問をされたとき、エジソンは少し驚いた顔をして「私は1回も失敗していません」と答えたそうです。周囲の人には失敗と見みられながらも、エジソンは電球ができると信じ、毎日フィラメントに適さない物質を発見し続け、着実に成功に近付いていたからです。

挑戦して出た結果を次に活かすために力を注がず、一発勝負の結果にだけとらわれていると、現実が生きづらいものになってしまいます。まず出来ると信じる心を作り、そこに向け、チャレンジして、出た結果の上に、自分なりに行動を積み上げていくことが大切だということです。

□すぐに結果が出なくても諦めない自分になるコツ

仕事でも趣味でも、頑張れば頑張っただけ、やればやっただけの結果がすぐに欲しいと思っていました。でも結果は出ず、すぐに挫折。

それは成長の順番を知らなかったからだと教えてもらい、やっと僕にも光が見えました。

そしてこれまで成長のステップに則《のっと》って、人生のゴールを見据え、自分を知り、目標を立ててやってきました。

でも、いざ目標に向かって行動をはじめたのに、努力しても努力しても結果が出ない。せっかくここまできたのに。師匠の言っていたことは何だったのか、やっぱり師匠にはできても、僕には無理だったのかもしれない、と悩んでいました。

実は、「努力に比例した結果を出したい」「努力に疲れて挫折しないためには」、この二つの悩みには深い関連があるんです。僕はこの関連を知らなかったために悩んでいました。そんな僕に、挫折しないで成果を出す方法をある人が教えてくださいました。

それは、「努力の成果はホッケーカーブを辿《たど》るから、すぐに結果が出なくて当たり前」。

ホッケーカーブ？

初めて聞いたときには、耳慣れない言葉に、思わず聞き返しました。

これは、ホッケースティック・カーブともよばれ、ある一定のところまではまっすぐで、先端が急にぐっと持ち上がっている形のグラフのことです。ちょうどホッケーで使うスティックを横に寝かせたように見えることからつけられたそうです。起業後、会社が収益をあげるときには、このカーブを辿るという説もあります。

「やればやっただけ、頑張ったら頑張った分だけの結果を脳は欲しがるんだ。まるで数学でやった比例関数の、一直線の右肩上がりのグラフみたいに。しかし、現実はそうはいかない。まるでホッケーのスティックのように、ある一定のところまではずっとほぼ平行線を辿る。頑張っても、頑張っても大した結果は出ず、平行線の状態が続く。それでも努力していると、あるとき急に上昇気流に運ばれるようにうまくいき始め、結果がついてくる。これが現実だ。

やればやった分だけ結果を求めてしまう人は、理想ばかり見て現実を見ることができていない。現実は、努力しても頑張ってもすぐには結果は出ないものなんだ。最初から結果を求める人は、続ければ続けるほど理想と現実のギャップに不満を溜めて、諦めてやめてしまうんだ。あと少し頑張れば結果が出るかもしれないのに。知っていればいい意味で諦めがついて前向きに努力できるのに、本当にもったいないことだ」

その方は、続けてこうおっしゃいました。

「ホッケーカーブを知っている人は、そもそも結果そのものを目標にしないんだよ」

僕は、思わず身を乗り出しました。

「たとえ話をしよう。君が10年で1億円の資産を持ちたいとする。仮に10年後に1億円の資産を手に入れていたとしても、5年後に5000万円の資産が手元にあるとは限らない。階段を上がるように徐々に結果がついてくるわけではないとさっき話したよね。やればやっただけ入ると思い込んでいると途中で挫折する。

成功する人は、最初に1億円の資産を持てる自分を目指す。資産が持てる人格や、お金の知識を持った自分を目指す。5年後、君が1億円の資産を持てる人格や知識の半分を体得していても、そのとき5000万円の資産、つまり半分の結果があるとは限らない。しかし、目標を達成できる自分には確実に近づいている。そして、目標を達成できる自分になれたとき、気づくと君は上昇気流にのったように目的の場所に運ばれているんだよ」

と教えてくださいました。

結果はやった分だけ徐々に手に入るものではなく、最後についてくるもの。結果ではなく、その手前にある「うまくいき始めるポイント」を目指すことで、目先の結果で心を痛めたり、理想ばかり描いて現実がいっこうによくならない状態から抜け出せるのです。

□やらなければいけないことが山積みにならないコツ

部屋を片づけなければいけない、たまったお皿を洗わなければいけない、会議の議事録を出さなくちゃいけない、メールの返信をしなくちゃいけない……。

僕の目の前にはいつも、やらなければいけない嫌なことが山積みになっていました。ギリギリになってからやろうとするのですが、どうしてもやる気が出ない。きっと、そもそもやりたいことをしていないから、好きな仕事でないから、やる気が湧いてこないんだろう……。そう思っていました。

あるとき、いつでも、どんな雑用でも楽しそうにこなし、会社のみんなから頼りにされる社長さんにお会いしました。僕はその方に聞きました。「なぜいつも楽しそうにお仕事をされているのですか？　やりたくないことはないのですか？」。その答えをうかがって、僕が目の前のことを楽しめず、やる気を失ってしまう理由が分かりました。

やらなければいけないことが山積みになっていた理由。それは、逆説的ですが、やりたいことだけをやろうとしているから。

その方は言いました。

「実は私も昔はやりたいことだけ、楽しいことだけやっていたいと思っていたよ。でもね、当たり前の話なんだけど、やりたいことだけやっていれば、必ず後にやらなければいけないことが残っていくことに気がついた。ひとつの機械を作り上げるにしても、様々な部品を組み合わせて完成させる。ひとつの部品だけで機械は動かない。人生も同じで、自分のやりたいこと、好きなことだけで成り立つほど現実は単純なものではない。自分の都合でやりたいこと、好きなことを決めて実行していくと、必然的にやらなければいけないことが残っていく。

やりたいことがあれば、同時にやりたくないことが生まれる。好きなことがあるから、嫌なことが生まれる。『やりたいことをやりたい！　好きなことだけやりたい！』という気持ちが強ければ強いほど、やらなければいけないこと、好きではないことが自分の周りに増えていき、ストレスを自分で増やしていることになる。

やりたいことをやる、好きなことだけやる、というのは心地よい言葉だけど、好き嫌いで物事を見る目線、それが君の心を疲れさせてしまっているのかもしれないね」

そのとき僕が思いだしたのは、人の意識の特徴のことでした（164ページ）。そう、人の意識は気付くと妄想の世界に没入してしまい、目の前にあることをありのままに見ることができず、先入観に苦しめられるのです。

目の前にある大切なことを、やる前にあれこれ妄想することで、目の前の大切なことがやりたくないことに変わっていきます。

自分が大切にしたいことに気づくと、好き嫌いではなく物事に取り組むことができ、なにより物事がうまくいく一番の近道なのかもしれないな。

□ 仕事ができる人になるコツ

仕事ができる人になりたいな。

社会に出てからそう思うようになりました。

ある美容室のオーナーさんと食事をしたときのことです。その美容室は広告も出していないのに、いつも予約でいっぱい。スタッフ皆が素晴らしい仕事をする美容室です。そのオーナーさんとの会話の中で、本当に仕事ができると言われる人の条件は何かを教えていただきました。

それは、「お客さんに喜んでもらいたい気持ちで仕事をしていること」。

僕たちはそのとき、イタリアンレストランで食事をしていました。僕たちの席を担当するウェイトレスさんは、いかにも仕事ができそうな雰囲気をかもし出していました。周りを見て素早く動き回り、大きな声で明るく振る舞い、後輩らしきスタッフにもてきぱきと指示を出していました。

ところが、そのウェイトレスさん、素早く、効率よく動くのはいいのですが、お皿が空いたと思ったらすぐに下げにきます。他のテーブルでも、お客さんの会話のタイミングもあまり気にしない様子で自分のペースで注文を取りに行き、お皿の上げ下げをしているようでした。僕たちは次第に、落ち着かない気持ちになりました。

そんなとき、そのオーナーさんが僕に言いました。

「あれは仕事じゃないよね。仕事とは人に『仕』える『事』、お客さんに喜んで満足してもらうことだと思う。効率は大切だけど、効率よくやることや、自分の力を試すことが仕事の目的ではないよ。あの人は仕事ができるという意味を間違えているのかもしれないね」

僕の目から、ウロコが何枚もぼろぼろと落ちました。

あなたの仕事ができる人のイメージはどんな人ですか?

恥ずかしながら僕は、仕事が速かったり、プレゼンが上手だったり、てきぱきと仕事をする人のことを仕事ができる人だと思っていました。そのためにビジネス書を読んだり、できる人だと思っている人の行動を表面だけ見て、テクニックを盗もうということばかり考えていました。しかし、結果を出している人の目から見ると、本当に仕事ができる人かどうかの判断は、お客さんにどれだけ喜んでもらえるか、どれだけお客さんから支持してもらえるかで決まってくるのでした。

もちろん、仕事の効率を上げる方法や、仕事が速くできるようになる情報は大切です。しかし、それはあくまでもお客さんを喜ばせたい、満足してもらいたい思いを形にするためのひとつの手段にすぎないのです。

仕事ができるようになりたい人が忘れてはいけないのは、仕事とは人に仕えること、お客さんに喜んでもらい、満足してもらうためにあるということ。趣味は自分のためでもいいでしょう。けど、仕事は人のため。お客さんに喜んでもらうことで、自分が喜ぶような仕事をする。それがさらに仕事を楽しいものにしていってくれるのかもしれません。

□うまくいく選択を自然とするコツ

「願っていれば実現する」という言葉を聞いたことがありますよね。

かつての僕には、仕事で成功したいな、幸せになりたいな……など、そうなったらいいなと思っていることがたくさんありました。でも、どれだけ願っても、現実はいっこうにうまくいかない。だから、「願えば叶う」と言う人に対して、「そんな調子よくことは進まないじゃないか！」と心の底で思っていました。

そんなとき、平凡な営業マンから一変、年々事業を成長させている山口俊晴さんという方が、僕の願っていることが形にならない理由を教えてくださいました。

願っていることが形にならない理由。それは、自分の行動のなかで、願っていることを形にするための行動の優先順位が低いから。

「君が願ったことが形にならなかったり、目標に向かって近づいていかないのは、願いが形にならない行動を自分で選んでしまうからなんだ。

例えば、ある営業マンが、ナンバーワン営業マンになりたいとずっと思っていたとしよう。ナンバーワン営業マンになるためには、売上を会社で一番にする必要がある。でも、彼はお昼ご飯を漫画喫茶で食べて、そのまま漫画を読んで時間を潰すのが日課になっている。これではナンバーワン営業マンになれるわけがないよね。彼はナンバーワン営業マンになりたいと思いながら、自分でナンバーワン営業マンにならない選択をしている。

人は不思議なもので、◯◯になりたい、幸せになりたいと願いながら、そうならない行動をとってしまう。その理由は、普段から願っていることよりも、目先の楽なことの優先順位を無意識に高くしてしまうからだ。目先の楽なことのほうが優先順位が高いからよくならない選択肢を選んでしまう。自分でうまくいかないほう、うまくいかないほうを選んでいってしまっているんだ。

ではどうしたらいいのか。目先の楽なことより目指していることの優先順位を上げるには、目的をはっきりさせ、何のためにそれを手に入れるのか？　その意味を理解することが大切なんだ。多くの人が幸せになりたいと言いながら、何が幸せなのか分かっていない。幸せが何なのか分からないから、幸せになるための選択よりも目先の楽な選択肢を選ぶわけだ。心でやりたいと思っていることが目先の楽なことよりも優先されなければ、いつまで経っても心で願っていることは形にならない。それどころか安易なほう、ラクなほうを選んで自ら不幸せになっていく選択をしてしまうこともあるんだよ」

と教えていただきました。

幸せになりたい、うまくいきたいと願っていることが実現しにくかったのは、願っているにもかかわらず、ついつい目先の楽なことを選んでしまっていたからでした。もう後悔を繰り返したくないのなら、自分の願っていることが目先の楽なことより大切だということに気づくこと。明確さは力。目的が明確になると、自分が願っていることがより魅力的に見えてくる。すると、心から願っている方向にいく選択を、無理せず自然にできるようになるのかもしれません。

□ 恵まれた環境にいくチャンスを手にするコツ

人に恵まれない。環境に恵まれないから自分の本当の力が出せないんだ。こんな環境でやる気が出るわけがない……。チャンスや環境に恵まれないと思っていたときの僕は、うまくいかないことがあるたびに、周りの環境や人のせいにしていました。

そして、どうして僕にはチャンスが回ってこないんだろう。どうすれば恵まれた環境にいくことができるのだろう？　と自問自答しては答えが出ず、「きっと良くなるだろう」と、希望を胸に転職したこともありました。しかし、頑張って転職した先でも、しばらくすると自分の置かれている立場に不満を持つようになっていきました。今度こそはと思って転職したのに……。僕はついてないのかもしれない。がっくりきてしまいました。

そんなとき、ゼロから会社を起こして一代で成功された方から自然と恵まれた環境に運ばれていくコツを教えていただきました。

恵まれた環境に運ばれていくコツ。それは、「泥の中で美しく咲く」こと。今いる恵まれない環境、ごく普通の環境の中で、輝かしい活躍をすることです。

自分はこんなに頑張っているのに、こんなに素晴らしい考えを持っているのに、なぜ環境に恵まれないいんだ！　と、周りの人や環境のせいにして不満を持つ人がいます。しかし、そう考えている人たちが本当に恵まれた環境に行けることは少ないのです。

それは偉人の自伝や、スポーツ選手として活躍してきた人を見ても分かります。歴史に名を残すような活躍をしている人の多くは、ごく普通の環境や恵まれない逆境の中で輝き、活躍することによって、周りに素晴らしい援助者が集まってきたり、名コーチの目に留まり、教えを請うことになる。泥の中で美しく咲く蓮《はす》の花のように自分が咲くことで、応援してくれる人の目に触れ、恵まれた環境に運ばれていくんだそうです。

恵まれない環境の中で美しく咲こうとせず、自分がいる場所に不満を持つだけの僕は、知らぬ間に自分は特別な存在、うまくいって当然な存在、大切にされて当然な存在と思い込んで傲慢《ごうまん》になっていたように思います。そう思うことでやる気を失い、自分の活躍する機会を自分で奪っていました。その後、友人と美容室向けの商材を卸す会社を立ち上げました。僕は美容には興味はありませんでしたが、商品を作った人の開発秘話や技術を磨く美容師さんの話を聞くことには興味が持てました。この商品を作った人はどんな気持ちで作ったのかをインタビューしまとめ、それを商品とともにお客さんである美容師さんにプレゼントしました。またその商品を使う美容師さんの想いを取材し、商品を作った方に伝えました。1年後、良い仕入先と1000件を超える素晴らしい美容室に恵まれていました。泥の中でキレイに咲く蓮の花のように、今の環境で輝くことが自分を大切にすることであり、次のステージに進む近道なのかもしれないな。

ま・と・め

【行動する】

□あれこれ考えて動けなくならないためには？　↓意識を現実に捕まえておく

□失敗を活かすには？　↓自分は出た結果をどう受け入れ、どう考え、動くか観察する

□すぐに結果が出なくても諦めない自分になるには？　↓努力の結果の出方は「ホッケーカーブ」を描くと知る

□仕事ができる人になるには？　↓仕事の本当の意味を知る

□うまくいく選択を自然とするには？　↓願っていることを明確にして、優先順位を高くする

□恵まれた環境に行くためには？　↓泥の中で美しく咲く

第8章

【見直す】良い方向に変わり続けるためのコツ

□ イキイキと充実した日々を送るコツ

僕は今40歳になりましたが、周りの同級生を見渡すと、人生を諦めてしまったように目から光が消えてしまった人と、歳を取るごとに人生を謳歌《おうか》しながら成長を続ける人の差が広がってきたように思えます。

そんな同世代の中でも、美容室のオーナーとして日々確実に成長しイキイキと活躍している友人の杉山さん（125ページに出てきた彼とは違う、女性の方です）。彼女はなぜそんなにもイキイキしているのか？　そのヒントになることを聞いたことがあります。

彼女が働き始めてから日々ずっと大切にしていたこと。それは、「今日の100％を出し切ったか？」。

いくら知識を身につけても20代のころはまだ社会経験も浅く、自分の親ほどの世代のお客さんと接したときには、何をしたら心から喜んでくれるか分からず悩み、自分に何ができるか日々自分に問いかけたそうです。カットの技術？　いやいや、経験もまだ少なく、美容師としての技術でお客さんに心から喜んでもらうのは難しいだろう。じゃあ、楽しいトーク術？　いや、まだ自分は人生経験も浅い。天気など簡単な話はできても、深い話や専門的な話をして、年配のお客さんを喜ばせるのも無理だろう。技術でも会話でもお客さんに満足してもらうのは難しい。ならば、どうしたら喜んでもらえるんだろう……。

悩んだ結果、若い自分が「あなたのために」という思いで精一杯やっている姿を見せることぐらいしか、お客さんを心から喜ばせる方法は見つからない、と考えたそうです。彼女はその日から、目の前のお客さんにその日の自分ができる100％やると決めました。家に帰ってから毎日、「今日会ったお客さんに100％の力を出し切ったか？」と1日を振り返りました。情けなくて、家に帰り一人で泣いてしまう日もあったそうです。

30代になってからは、昔よりは技術も上がり、お客さんとの会話も少し深い話ができるようになりました。技術や会話でもお客さんに喜んでもらえるようになってからの彼女は、「私は今日の仕事で、これまで学んできたことを100%出し切れたかな？　お客さんの気持ちを受け止めて会話することができたかな？」、そう1日を振り返っているそうです。それどころか、仕事の最中でも、目の前のお客さんに自分の持てる力を100%出し切っているか、カットやカラーをしながらも、常に自分に全力を出しているか問いかけ続けているそうです。十数年たち、オーナーになった今でも、自分の力を出し切らなかったお客さんが一人でもいた日は、20代のときと同じように涙が出てくるといいます。

「私には100%出し切ることとしかできないから」と語る杉山さんのお店は、朝から晩まで予約でいっぱいです。日々をイキイキと生きている人は、その日、そのとき、できる分だけ、できるタイミングで自分の力を出し惜しみすることなく日々出し切っているように見えます。特別な日だけ120%の力を出そうとしたり、この人には40%の力でいいと手を抜くことなく、その日の自分ができる100%を目の前の人や物事に注いでいる。

気をつけたいのは100%出し切るとは無理することとは違うということで

す。調子が良かった過去の自分と比べ結果を求めるのとも違います。その日、そのときの自分ができる１００％を自分の体や心と相談しながら出し切る。与えられた場所で今持っている自分の知恵や力を出し切ることが、人生をイキイキ、日々を楽しく生きるコツなのかもしれません。

□人生が予期せぬ悪い方向に向かわないコツ

人生が予期せぬ悪い方向に向かってしまう原因。それは、「欲」と「執着」によって生まれると、僕は思っています。

うまい話だと思ってやりはじめたけど、ダメだと思ったときにはやめるにやめられなくなり、泥沼のような状況になっている――。会社を経営する中で、そんな経験を何度かしたことがあります。今、振り返ってみると、問題が起きた原因と、問題が大きくなってしまった理由はいつも同じようなことでした。

まず問題を起こす原因のほうですが、こちらは、自分の欲深さに起因していると感じたことが多いです。欲が強い人は、その欲を他人に見抜かれて簡単に騙《だま》されれ、足をすくわれます。もっと成功したい、もっと愛されたい、もっと注目されたい、もっとキレイになりたい……など、欲の深い人が陥りやすい罠がありますす。それは、自分の都合のいいように相手や物事を見て現実が見えなくなることです。こんなにお金と時間を投資したのだからうまくいくだろう。こんなにもあの人のことを愛したのだから、私もあの人に愛されて当然、など、自分の都合のいいように相手やモノを解釈して、思い込みで現実が見えなくなってしまうのです。僕自身も、後に冷静になって見てみると、なんであのとき思い込みでモノを見ていた自分に気づかなかったんだろう、と思うことが何度もありました。やりたいと思う気持ちは志や目標ですが、やらなければいけないになると執着になります。

そして、起こした問題を大きくしてしまった理由。それが、執着です。もう少しだけ続ければうまくいくかもしれない……という気持ちから成功に固執し続けたため、途中で（損をしてでも）やめる、という覚悟ができませんでした。自分から気持ちが離れてしまった恋人のことを諦めきれない、歌手になる夢を追いかけていると言いながら、実際は日々の生活に流されてそれほど練習もできず、バイトを続けているなど、努力の伴わない単なる執着をやめることができない人がいます。努力はホッケーカーブを描いて実現へと向かいますが、執着は現状をより悪いほう、悪いほうに向かわせていきます。

そして、怖いことに、欲や執着などの感情に支配されているときは、努力で何とかできることと、努力しても何ともならないことの違いが見えなくなります。どう頑張っても無理なことをなんとかしたいと思い続け、無駄なエネルギーを費やしてしまうため、しんどくて、努力次第で変えられることでも努力ができなくなるのです。

あの人に自分のことを好きになってほしい、あの人の気持ちを変えたい、失った時間を取り戻したい、過去にあった事実を変えたい……など、自分の力で変えられないものは変えられないのだと事実を受けとめ、潔く諦める。そして、自分の言動、立ち居振る舞いなど、自分の努力で変えられるものは、良い方向にいくよう努力をしていく。

人を苦しめる欲や執着の感情。支配されないように、自分の行動が欲や執着に基づいていないか、冷静に自分を見直すことが大切なのかもしれないな。

□ 慕われるリーダーになれるコツ

学校で、会社で、趣味のサークルで、それから家庭で。自分がリーダーとして、チームのみんなとともに何かを目指すという場面、長い人生の中で一度くらいは経験することになる人も多いと思います。そんなとき、リーダーとしてどんな自分でいればいいのだろうかと、僕もよく悩みました。自分の気持ちはもちろん、みんなの気持ちも考えないといけない。そして、チームで良い結果も出していかなければならない。仲間や部下との接し方も分からず、偉そうな人を演じてみたり、優しい人を演じてみたり、妙に明るく元気な人を演じてみたり……。でも、どれもしっくり来ず、どうしたらいいか分からなくなっていました。

そんなとき、営業先で出会った、ある美容室のオーナーさんとお話ししている中で、チームのリーダーとしてどんな自分を目指せばいいのかを学びました。その方は、人を育てるのがとても上手でした。経営している美容室のスタッフたちは皆やる気があり、お店には活気があります。しかし、そんなオーナーさんでも過去、たくさん悩んできたんだそうです。スタッフの皆とどう付き合ったら良い関係を築けるだろうか。どうすれば、お客さんに心から喜んでもらえる仕事ができるのか。そのためにはどんな自分であればいいのか。何度も迷い、失敗してきたそうです。その経験から、周りの人と協力し成果をあげるのに大切なことがあると気がついたそうです。

チームリーダーとしてうまくいくコツ。それは、「自分らしい乗り物に乗る」こと。

その方も、あるころまではうわべで優しい上司を演じていました。行き詰まると、優しいだけではダメだと思い、今度はスタッフに厳しく接しました。良い関係を築きたい、良い結果を出したい、その一心で、他のうまくいっているオーナーさんの態度の真似をしたりしました。しかし、その方法ではいつまで経ってもうまくいきませんでした。

「でも、最近ようやく分かってきたんだよ。リーダーは、自分を取り繕《つくろ》ったり、誰かの真似をするのではなく、自分らしい自分でいることが大事なんだって。自分は目的地までゆっくり安全に進むのが向いたタイプなのに、レーシングカーのように速く進む乗り物に乗って目的地を目指そうとしたり。陸を走るタイプなのに、空を飛ぼうとしてみたり……。リーダーとしての自分に自信が持てなくて、誰かの言葉に惑い、目的地を目指す乗り物を間違えてきたから苦しかったんだね」と、教えていただきました。

徳川家康は、リーダーは「心服」されるものであれ、という言葉を残していますす。人の上に立つ者は、部下から敬《うやま》われているようで、絶えず落ち度を探されており、恐れられているようで侮《あなど》られ、親しまれているようで疎《うと》んじられ、好かれているようで憎まれているもの。部下を取り扱うには、給料で縛《しば》りつけるのではなく、機嫌を取るのでもなく、遠ざけてはならず、恐れさせてはならず、油断させてはならない。部下を率いるにはただひとつ、部下に惚《ほ》れられること――「心服」されるリーダーになることだ、と言っているのです。小手先のテクニックやお金や力で動かそうとしても決してうまくいかないことを、多くの苦難を乗り越え全国を統治した経験から教えてくれているように思えます。

家康も、美容院のオーナーさんも、きっとあなたも僕も、リーダーとしてチームをまとめて、結果をだす一番の近道はあるがままの自分として生きること。これだけなのかもしれません。

□見る目を養うコツ

僕が借金を背負いながらも、ちょっと状況が落ち着いたころのことです。

僕が「大変でしたよ。まさか自分がこんなことになるなんて、一体自分はこの出来事から何を学んだのでしょうか」という話をおじいちゃん師匠にすると、「もしかしたら、タクちゃんは人を見る目を学んでたのかもしれないね」と言われたんです。

「人を見る目……ですか、それはどういうことなんですか？」

「タクちゃんは、今まで世界のみんながいい人だ、と思おうとしてたんだね。自分にとって都合のいいように人を見ていたんだよ。『俺がこんなに人生をかけるんだから、こんなにお金をかけるんだから、みんないい人であってほしい』ってね。でも、実際は人を裏切るような人もいたと。だから、人が信じられないというふうなことを思ったのかもしれないね」

僕自身は、自分の都合のいいように相手を見ているなんて、まったくそんなつもりはなかったんです。でも、考えてみたら、判断するときに「この人とは長いこと一緒にいるから大丈夫だ」とか「この人はこういう実績がある人だから大丈夫だ」とか、自分に言い聞かせるような、安心させるような考え方をしていたかもしれない、そう思えてきました。

「同じ過ちを繰り返さないためには、どうやって人を見分けたらいいんでしょうか」

「ひとつは、その人の周りの人を見ることだね。人は、自分にとってメリットがある相手には、自分を取り繕っていい顔をしようとする。男だって可愛い女の子には好かれようとしていい顔をするでしょう。

でも、その人の周りの人はごまかせないよね。普段付き合っている人は。人って、同じような人と付き合うから。『この人はいい人だけど、周りの人は悪い人だ』っていうことはほとんどないよ。周りの人がタクちゃんに見せてくる顔が、たぶんその人のあり方だ」

僕は師匠に、もっともっと具体的に教えてください、とお願いしました。すると、ちょっと難しい話なんだけどね、と前置きして、仏教の「十界《じっかい》」の話をしてくれました。

「タクちゃん、世の中を見るときには、こういうふうに見てごらん。人をね、十段階に見分ける方法だよ。一番下には鬼と言われる人がいるんだね。この鬼と言われる人は、平気で人を殺したりとか、騙したりとかできる人。そういう人たちは、そういう人たちでチームを組んでるよね。チームを組んで悪いことをしている。こういう人たちが住んでるのが地獄界だ。この世に鬼と言われる人たちがいるんだね。

そしてその上には餓鬼《がき》と言われる人たちがいる。もっとくれ、もっとくれ。もっとよくなりたい、もっと愛されたい、うまい儲け話はないか？　と探している餓鬼と言われる人たちが、餓鬼界に群がってる。

その上にはこういう人たちがいる。畜生《ちくしょう》と言われる人たちだ。本能のまま動く人。例えば本能のままご飯を食べたりとか、本能のままセックスしたりとか、本能のままに生きる人。こういう人たちもこういう人たちで畜生界というところに集まってチームを組んでる。

その人たちの次には修羅と言われる人たちがいる。話し合いではなく怒りのまま物事をうまく運ぼうとしてる人。力によって物事をうまく進めようとする人。そういう人たちもそういう人たちで組んでる。こういう社長さんもいっぱいいるよね。

その修羅の上がやっと人間。つまり、人間が住んでいるんだ。平常心で話ができ、理性で物事を考えることができる人たちが住んでいるホッとできる場所だ。でもやはり戦争をしたりとか、もっと成功したいとか、いろんなことを思ってしまう。

人間界で頑張っていると天界という世界に行ける。ここは、一時的な成功を意味する場所。しかし、人は一時的にうまくいっているとき、もっとよくなるだろうと勘違いしてしまう。有頂天になっていると上がれば下がるという現実が見えなくなってしまう。天狗になっていると、真っ逆さまに落ちていくんだ。

その上に、声聞界《しょうもん》がある。人から聞いて道を学んでいく人がいるところだよ。でも、ちょっと注意が必要で、この人たちは聞くこと、知識ばかりになったり、何かに依存してしまうことがあるんだ。

その上に何がいるかっていったら、縁覚《えんがく》界、自分で行動して悟っていこう、道を開いていこうという人たち。この人たちは話を聞いて学ぶだけでなく、日々の生活や自然界の摂理を通して人生とは何かを悟り、意義ある生活を考えて努力、精進している人なんだね。

次に菩薩《ぼさつ》界というのがある。この人たちは、誰かにありがとうと言われなくても、他人のために行動できる人。そういう利他《りた》の心がある人たちがいるんだよ。そして最後に仏界《ぶっかい》。周りの人も巻き込んで、人に道を開いていく人がいるところだ。

わかった？　じゃあ、君はどこにいたと思う？」

そう言われて、僕は間違いなくそのとき餓鬼界にいた、と思ったんですね。だから、周りにも餓鬼界の人ばかりがいた。チャンスをくれ、チャンスはないか、というがつがつした会に参加して。そういう世界にいては、人間になるのも難しいんだな、なんて思いました。自分の周りにいる人は自分の写し鏡です。

すべての出会いや出来事は必要があって自分の目の前に現われます。楽しいことも、悲しいことも意味なく現われることはひとつもありません。良い悪いのフィルターを通して外の世界を見ていると、なぜその人が現われたのか？　なぜこの出来事が起きたのか？　本当の意味に気づくことができません。そのため同じようなことを繰り返します。

「この出会いは、問題は、私に何を教えてくれているのか？」と自分や相手を責めることなく、自分に問いかけることができる自分であることが大切なのかもしれません。

ま・と・め

【見直す】

□イキイキと充実した日々を送るには？　↓「今できる自分を100%出し切っているか」と自分に問いかける

□人生が予期せぬ悪い方向に向かわないためには？　↓「意欲」と「執着」の違いを知る

□慕われるリーダーになるには？　↓あるがままの自分でいる

□人を見る目を養うには？　↓自分・相手がそれぞれ「十界」のどこにいるのかを見てみる

□おわりに

今回、この本を文庫化するにあたり5年前の自分が書いた文章を見直しました。一文字一文字、まるで過去の自分と対話するような不思議な時間になりました。このような機会を与えてくださった祥伝社さん、本当にありがとうございます。

私が小学校6年生のとき、母が心の病で入院してからずっと、どうしたら家族は仲良く暮らせるのか？　豊かな人間関係の築き方や心や感情との向き合い方を探してきました。

いい話を聞くと頭ではそれを理解できますが、なかなか腑には落ちません。

心から納得できる答えを教えてくれる人を探し求めてきました。

本書に登場するおじいちゃん師匠である松井源顥さんは、この本を書いた1年後に亡くなりました。当時、おじいちゃん師匠から教わったことを理解して書いていたつもりでしたが、5年経ち見直してみると、当時の自分が受け取った以上に深い話をしてくれていました。今は亡きおじいちゃん師匠と想像の中で対話し、改めて受け取り直した気づきも今回追記させていただきました。

先日、本書でも登場する作家のひすいこたろうさんと話していると、「必要なことはすべて自分の目線の高さに現われる。昔は〝問い〟を持つから答えや求めるものがやってくると思っていたけど、本当は〝すべての答えはすでに目の前にあった〟。今必要なこと、未来へのヒントは昔からずっと目の前にあった」と、最近あった気づきを話してくれました。

本書を読み返す前は、5年前の自分と今の自分はまったく違っているし、新しいことや違うことを学んでいるからどう編集しようかと思っていたのですが、本書を読み返すと根本的には同じことを繰り返し学んでいることに気づき、同時に5年前の自分に教わることもたくさんありました。

30代前半、半年間笑うことができない経験が、幸せは自分の外にはないことに気づかせてくれました。では内面だけを見ていればいいかというと、それだけでは生きていけません。内側と外側の関係性を知り、バランスよく生きることが大切でした。

自分の内側にある本当に大切なことを大事にしながら、外側にあるものとバランスをとって生きようとするとき悩むことがあるかもしれません。

僕を導いてくれた師とのやりとりや体験が、あなたやあなたの周りの人の気づきとなり、人生がより豊かなものになることを心から願っています。

最後に、本書やメルマガの編集、どんなときも支え続けてくれる妻、知子。あなたがいるから今の僕があります。いつもありがとう。そして、私を産み育ててくれた父と母、二人の子どもであることを誇りに思っています。心から感謝しています。

□スペシャルサンクス

松井源頴さん、合田玄二さん、ひすいこたろうさん、榎本計介さん、由佐美加子さん、宮田博文さん、杉山愛さん、杉山寛之さん

□毎日届く小さなコツのメルマガはこちら

（まぐまぐ殿堂入り）★4000日以上毎日配信

「たった一つの小さな『コツ』があなたを変える」

http://www.mag2.com/m/0000234944.html

一〇〇字書評

切り取り線

購買動機（新聞、雑誌名を記入するか、あるいは○をつけてください）	
□（　　　　　）の広告を見て	
□（　　　　　）の書評を見て	
□ 知人のすすめで	□ タイトルに惹かれて
□ カバーがよかったから	□ 内容が面白そうだから
□ 好きな作家だから	□ 好きな分野の本だから

●最近、最も感銘を受けた作品名をお書きください

●あなたのお好きな作家名をお書きください

●その他、ご要望がありましたらお書きください

住所	〒				
氏名		職業		年齢	
新刊情報等のパソコンメール配信を 希望する・しない	Eメール	※携帯には配信できません			

あなたにお願い

この本の感想を、編集部までお寄せいただけたらありがたく存じます。今後の企画の参考にさせていただきます。Eメールでも結構です。

いただいた「一〇〇字書評」は、新聞・雑誌等に紹介させていただくことがあります。その場合はお礼として特製図書カードを差し上げます。

前ページの原稿用紙に書評をお書きの上、切り取り、左記までお送り下さい。宛先の住所は不要です。

なお、ご記入いただいたお名前、ご住所等は、書評紹介の事前了解、謝礼のお届けのためだけに利用し、そのほかの目的のために利用することはありません。

〒一〇一-八七〇一
祥伝社黄金文庫編集長　萩原貞臣
☎〇三（三二六五）二〇八四
ohgon@shodensha.co.jp

祥伝社ホームページの「ブックレビュー」からも、書けるようになりました。
http://www.shodensha.co.jp/bookreview/

祥伝社黄金文庫

あなたを変《か》えるたった1つの「小《ちい》さなコツ」

平成30年 2 月20日　初版第 1 刷発行

著　者　野澤卓央《のざわたくお》
発行者　辻 浩明
発行所　祥伝社《しょうでんしゃ》
〒101－8701
東京都千代田区神田神保町 3－3
電話　03（3265）2084（編集部）
電話　03（3265）2081（販売部）
電話　03（3265）3622（業務部）
http://www.shodensha.co.jp/

印刷所　堀内印刷
製本所　ナショナル製本

　ISBN978-4-396-31724-9 C0130

祥伝社黄金文庫

本間良子
本間龍介／監修
しつこい疲れは副腎疲労が原因だった
ストレスに勝つホルモンのつくりかた
「副腎」は、ストレスに対応するホルモンを出している大事な臓器。ちょっとした習慣で、ストレスに強い体に！

本間良子
本間龍介
心と脳の不調は副腎ケアで整える
「うつ」「認知症状」「発達障害」に効くホルモンのパワー
心の状態を左右する脳の健康に多大な影響を与えるのが実は副腎。副腎の「ホルモン力」で心と脳を整える！

和田秀樹
負けない
大人のケンカ術
負けぬが勝ち！「九勝一敗より一勝九分のほうがよい」――「倍返し」できなくても勝ち残る方法があった！

和田秀樹
人生が変わる
「感情」を整える本
感情は表に出していいのです。「感情コントロール」の技術を習得すれば、仕事も人間関係もうまくいく！

山口勝利
冷えた女は、ブスになる。
内臓温度を1℃上げて、誰でもアンチエイジング
むくみ、イライラ、シミにクマ。すべては「冷え」が原因だった。やってはいけない美容のタブーを公開！

横森理香
がんばればがんばるほど
幸せになれないと感じているあなたへ
がんばるあなたは素敵だけど、ガマンばかりは体に悪い。自分で自分を幸せにする45のアイデア。